I0566850

DISCLAIMER

The author and publisher are providing this book and its contents on an "as is" basis and make no representations or warranties of any kind with respect to this book or its contents. The author and publisher disclaim all such representations and warranties, including but not limited to warranties of merchantability. In addition, the author and publisher do not represent or warrant that the information accessible via this book is accurate, complete, or current.

Except as specifically stated in this book, neither the author nor publisher, nor any authors, contributors, or other representatives will be liable for damages arising out of or in connection with the use of this book. This is a comprehensive limitation of liability that applies to all damages of any kind, including (without limitation) compensatory; direct, indirect, or consequential damages; loss of data, income, or profit; loss of or damage to property; and claims of third parties.

This Book Offers Free Bonus Puzzles

Available Here:

BestActivityBooks.com/WSBONUS20

5 TIPS TO START!

1) HOW TO SOLVE

The Puzzles are in a Classic Format:

- Words are hidden without breaks (no spaces, dashes, ...)
- Orientation: Forward & Backward, Up & Down or
  in Diagonal (can be in both directions)
- Words can overlap or cross each other

2) LEVEL UP THE GAME!

A space is provided next to each word to write new ones, translations or notes. We also offer a convenient **NOTEBOOK** at the end of this edition. It can help you organize your annotations, new words and/or observations.

3) TAG YOUR WORDS

Have you tried using a tag system? For example, you could mark the words which have been difficult to find with a cross, the ones you loved with a star, new words with a triangle, rare words with a diamond and so on...

4) EASY TO CUT!

The Puzzles come with an Extra Large margin to easily cut the page out of the book. Some people may feel it more convenient to solve them this way.

5) FINISHED?

Go to the bonus section: **MONSTER CHALLENGE** to find a free game offered at the end of this edition!

Want **more fun** and activities to **relax? It's Fast and Simple!** An entire Game Book Collection **just one click away!**

Find your next challenge at:

BestActivityBooks.com/MyNextWordSearch

Ready, Set... Go!

Did you know there are around 7,000 different languages in the world? Words are precious.

We love languages and have been working hard to make the highest quality books for you. Our ingredients?

One part easy-to-read print, three parts entertainment, then we add some challenging words and a pinch of rare ones. We brew them with care to serve you lots of fun and an opportunity to solve the best puzzles.

Your feedback is essential. You can be an active participant in the success of this book by leaving us a review. Tell us what you liked most in this edition!

Here is a short link which will take you to your Amazon orders review page.

BestBooksActivity.com/Review50

Thanks for your fidelity and enjoy the Game!

Delta Classics Team

Puzzle 1

```
M L N P E Y P J M I K Ą M P W
O L U Ę K T A M I D Z Ć B Ć Ś
L P P U H X M Ł A E S Y X A C
F B Q K S T I O S N U Z Q W I
D R Ż Ą C Y Ę T T T L S R O E
F D M Y A Ć P O Y E E I Z K
M I E S I Ę C Y G C P I I I Ł
D V O A A J M L C Z A C K N E
T B D W A O A S Q N K C T A Z
W A P B G W S A V E V O A G R
H E A M C N Ł Z N A N Y D R Ó
U D D W G J O Q M W W W Y O H
Q O Y N T A W Y R P R R W Z C
P O T R Z Ą S N Ą Ł X P C N T
```

DRŻĄCY	WŚCIEKŁE
CIESZYĆ	WYDATKI
MIASTO	IDENTYCZNE
PAMIĘĆ	ZNANY
POTRZĄSNĄŁ	ODPADY
KAPELUSZ	MATKĘ
RAKIET	TCHÓRZ
MŁOT	MIESIĘCY
ZORGANIZOWAĆ	MASŁO
MĄKI	PRYWATNY

Puzzle 2

```
R Z S P Ć C K I L A Z S J E V
O A Z R Y Ą O U U B L O U G P
W C A O Z Z D Z L J A B Ł K O
E H R C C R D Q C T V P Z U K
R O P E A E A S A G U L I Q R
O W N D N I L T R Z E R C N P
W A Ą U Z M O P N E R B A T I
E N Ł R Y C N P I E B X I D E
J I A A W Q Y H B I M R F V R
G E O N D O Ł H C N A O N S Ś
W Y G L Ą D Z D A A W I K A C
K R Y T Y C Z N Y D E R M Y I
Z M Ę C Z O N Y A A N E V X E
J A E O A K Z C E Z R O P N Ń
```

ZACHOWANIE   ODDALONY
SZARPNĄŁ   WYGLĄD
WYZNACZYĆ   PORZECZKA
MIERZĄC   PROCEDURA
SREBRNA   ZADANIE
CHŁODNO   KULTURA
JABŁKO   ROWEROWEJ
PIERŚCIEŃ   KOMENTARZ
ZMĘCZONY   ZŁY
KRYTYCZNY   SZALIK

Puzzle 3

```
A  Z  D  A  Ł  W  V  U  S  K  P  R  Z  W  R
L  J  O  R  T  F  E  P  Z  A  B  O  S  Z  O
B  E  C  G  Y  R  U  A  C  M  L  Z  K  E  D
Y  P  Ż  A  T  A  F  D  Z  P  I  W  A  L  Z
D  V  B  A  R  Y  O  E  Y  A  S  I  R  K  I
F  C  S  A  Ł  T  K  K  T  N  K  J  B  F  N
N  A  J  L  E  P  S  Z  E  I  O  A  G  Y  A
P  O  S  H  K  B  I  I  Y  I  S  Ć  B  T  A
T  W  D  V  D  B  L  S  N  W  Y  C  I  E  K
Z  E  I  N  Ś  O  D  A  R  I  Z  E  F  N  R
Z  I  E  M  I  A  E  K  M  E  M  V  P  A  H
N  D  R  E  T  S  I  N  R  O  T  D  M  L  Z
K  O  Ł  A  W  Z  S  J  C  B  X  N  A  P  O
O  D  Z  N  A  K  A  Z  A  R  Ó  W  N  O  V
```

PLANETY	TORNISTER
ROZWIJAĆ	KOŁA
UPADEK	LEŻAŁ
NAJLEPSZE	SZCZYT
WŁADZA	SKARB
KAMPANII	WYCIEK
RADOŚNIE	ZIEMIA
ADMINISTRACJA	RODZINA
ODZNAKA	BLISKO
SIEDLISKO	ZARÓWNO

Puzzle 4

```
N M P R Z Y T U L I Ł Q H V G
A H U P I E T R U S Z K A K E
D G W R G A L A R E T K A O N
A W R H A G Ł O S V J R E N T
W W O Y C L O P W H V B A T L
A Y N N Y Ł S K W A M D Q O E
N T O B I A D W P Ł Y N Ą Ć M
I J I N I E G R Z E C Z N E A
A D Z F T E N D E N C J Ę X N
W Y E E B Q K H U M R Ó W K Ę
Ż T L K F O K Z A S J M M R R
Y Q A Q Y R J T O H Ó K L G J
Ł T N H I S T O R I A L B Y R
M S Z S M O K A F O V T V M C
```

NIEGRZECZNE	PIETRUSZKA
HISTORIA	PRZYTULIŁ
OBFITA	GŁOS
ŁYŻWA	SÓL
ZNALEZIONO	GALARETKA
MRÓWKĘ	SMOK
TENDENCJĘ	MURAL
OBIAD	KONTO
SŁYNNY	WPŁYNĄĆ
GENTLEMAN	NADAWANIA

Puzzle 5

```
D G P D F E C S J E I M E P O
Y Ł R H E K W U S B K R T G F
S O A T U S I W Ł I J A J K A
K D N D Q P L I O U S D Y B P
U N I O D E G E Ń R Z R N Z V
S Y E G O R O R C O U W W D W
J L Y M S Y C Z E Y F B Y A H
A C E Z T M I Y A B L Ć S N T
Z L R L A E N Ć Y H A Y E I F
D H X I Ć N U A J L D Ż R E U
E R B S D T X H Y H A O G T D
J R O A L P M D Z I A Ł A Ć D
A U T G K R A W Ę D Ź D C X D
P Y N D A Ł K O D Y B O S N A
```

UWIERZYĆ	KRAWĘDŹ
PRANIE	WILGOCI
ODŁOŻYĆ	DROGA
DZIAŁAĆ	LISA
DOSTAĆ	DOKŁADNY
JAJKA	DYSKUSJA
AGRESYWNY	EKSPERYMENT
GŁODNY	SŁOŃCE
BIURO	ZDANIE
MIEJSCE	SZUFLADA

Puzzle 6

```
I  X  P  S  K  A  B  N  G  S  O  H  M  T  L
N  N  X  O  Q  K  L  F  B  Z  R  E  L  Q  P
D  E  T  Z  K  P  U  O  J  C  C  Ć  E  K  Q
N  Z  G  E  T  V  Z  R  Z  Z  K  I  K  T  U
A  Z  I  O  L  F  K  I  A  E  U  C  A  I  O
J  O  Q  E  C  I  A  L  S  G  R  E  W  O  R
B  B  F  W  S  J  G  C  Ó  Ó  T  L  R  M  T
O  A  W  F  V  I  O  E  B  Ł  Y  O  Y  I  L
G  C  U  J  B  Z  Ę  W  N  N  N  P  S  Ę  I
A  Z  K  U  P  I  Ć  Ć  A  T  A  Q  U  K  X
T  Y  R  O  Ś  L  I  N  A  Ć  N  F  N  K  D
S  Ć  S  Z  K  I  E  L  E  T  V  E  E  A  Q
Z  R  E  Z  E  R  W  O  W  Y  C  H  K  L  W
Y  Z  A  P  Y  T  A  Ł  O  D  E  B  R  A  Ł
```

NEGOCJOWAĆ	ROŚLINA
NAJBOGATSZY	INTELIGENTNE
ZASÓB	MLEKA
KURTYNA	KUPIĆ
RYSUNEK	REZERWOWYCH
DZIESIĘĆ	ZAPYTAŁ
SZCZEGÓŁ	ROWER
BLUZKA	POLECIĆ
ODEBRAŁ	ZOBACZYĆ
SZKIELET	MIĘKKA

Puzzle 7

```
O S Z U Z A T R Z Y M A Ł D K
P S K A R Ś M I E S Z N E L O
O B O O J U K O Ł Y S K A A L
R M N B S D C T E A T R U T A
V Y Z R I W J H B N Y P V E C
R Ś O S I S A M O S B W A G J
L L G Y Q Y T Y R M G Ó O O A
S I Q S S L Ę Y U A I N E S Z
R F A R B Y I W E L Y O W L C
O S I E M J M L I U A F N Q Y
L K I L K A A I A E O E Y Y H
O U W A G A P T N W Ś L B A P
K O M B I N A C J A N E V I X
C F T R E T Z Ó K S W T P M J
```

OSIEM	URUCHOMIONY
KOŁYSKA	KÓZ
MYŚLI	WIEŚ
KOMBINACJA	POR
FARBY	ZAPAMIĘTAJ
TELEFONÓW	DLATEGO
KILKA	ZATRZYMAŁ
ŚMIESZNE	OSOBISTY
UWAGA	KOLACJA
TEATRU	KOLOR

Puzzle 8

```
M A L K I N T E R A K C J A C
O U C B I C N I E Z W Y K L E
K Y Z N J E L I S T O N O S Z
A J F Y F W Ł F D J H T M J R
Z Z Z E K Y V B B Q C Z A E U
J Ń É I M A K A A I U J K D K
A V N A J C N A T S B U S Z W
D Z I O B A Ć U Z G K R I E Y
P R Z E T R W A Ć A D I M N T
A S R Ó W N I N Y W J U U I Y
T R Z E C I L D C Ś R Ą M A C
M M S Z A F K A H R U Z C B Z
F Y Y A K I F D F Ó J L C A N
A U O R W P Y N T D F L O H E
```

MAKSIMUM
KAMIEŃ
SUBSTANCJA
NIEZWYKLE
TRZECI
LISTONOSZ
KURZ
OKAZJA
WŚRÓD
DZIOBAĆ

MUZYKA
PRZETRWAĆ
UCHO
RÓWNINY
JEDZENIA
KIEŁBASKI
ZAJĄCA
SZAFKA
WYTYCZNE
INTERAKCJA

Puzzle 9

```
F  T  W  I  D  D  D  U  Y  M  V  W  F  E  R
R  N  Y  N  O  L  A  B  X  Q  W  Y  K  J  M
Z  B  S  N  D  I  N  R  D  L  E  B  Y  C  Ć
M  Ś  O  D  M  S  G  Y  A  O  D  I  X  Y  A
X  U  K  P  O  W  Ó  D  Ź  K  E  E  V  T  W
P  M  I  W  J  L  S  A  N  Ż  O  R  T  S  O
R  O  C  Z  N  I  C  A  Z  D  S  Z  A  E  K
S  K  K  S  Z  A  R  A  N  R  E  E  K  W  I
O  U  G  S  I  Z  C  V  A  B  P  K  C  N  F
L  I  S  T  E  E  R  Z  Ł  W  M  E  J  I  Y
J  I  N  L  S  L  Z  T  A  S  Y  G  I  Q  D
C  R  C  L  E  K  E  D  E  K  A  D  Ę  P  O
T  Z  U  Y  I  A  K  T  O  Z  C  Z  S  G  M
K  O  S  Z  Y  K  A  R  Z  J  H  W  S  B  Z
```

AKCJI	SZARA
WYSOKI	NAD
INWESTYCJE	LIST
SZCZOTKA	DEKADĘ
KARA	PIEPRZ
BALONY	ZNAŁA
WYBIERZ	ROCZNICA
OSTROŻNA	ZMODYFIKOWAĆ
POWÓDŹ	TELESKOP
KOSZYKARZ	KOMUŚ

Puzzle 10

```
C U G K D F H X U J Z S O T M
P E Ł N Ą E S E B K F Z J E I
E R B U Ż I C T E W N W I L G
J D Q H E T Q Y F H H I J E R
X G G W L N C L Z U E J R W U
B W C D A D R Ł V J N A Y I J
P F K S N Y Y T A B A N Z Z E
S R R A P O R T V T D I Y J Z
T W Z H N P J N G K W E K I A
O A U O G E W O R D Z O O E T
L H D Y D M S Y T U A C J A O
E A Q F A K S A L D R Z W I P
C I J S M L A M A J G A M Q I
I N D Y W I D U A L N Y Y C Ć
```

RYZYKO   JAMA
MIGRUJE   LASKA
ZDROWEGO   STOLEC
RAPORT   DECYZJA
ŁATWO   TELEWIZJI
PRZODKA   INDYWIDUALNY
NALEŻĄ   DRZWI
ŻUBR   SYTUACJA
WAHA   ZATOPIĆ
ZWIJANIE   PEŁNĄ

Puzzle 11

```
U  J  U  P  O  N  I  L  B  O  G  K  G  T  I
N  M  U  L  A  J  S  C  Y  S  I  U  Ł  A  C
Y  N  I  Ż  H  D  Y  D  Ś  M  R  R  Ó  D  C
Z  E  T  E  C  A  F  L  O  Y  O  P  W  Y  L
A  P  G  P  Ś  R  M  Q  Z  Y  Z  V  N  D  I
G  X  W  B  S  C  Y  R  D  Ą  M  R  Ą  N  C
A  N  T  L  H  T  I  A  D  Ż  A  K  O  A  Z
M  O  G  Ł  O  B  Y  Ć  X  P  W  O  G  K  B
D  O  M  I  N  U  J  Ą  C  Ą  I  M  Z  S  A
P  O  L  I  T  Y  C  Z  N  Y  A  F  E  V  O
N  A  J  W  Y  Ż  S  Z  Y  F  Ć  O  C  X  S
L  C  V  T  V  Y  W  O  R  U  P  R  U  P  T
P  R  O  C  E  S  U  A  M  C  I  T  W  G  Q
Z  A  K  W  A  L  I  F  I  K  O  W  A  Ć  L
```

MĄDRY	ZAKWALIFIKOWAĆ
GOBLIN	JUŻ
GŁÓWNĄ	UMIEŚCIĆ
NAJWYŻSZY	KANDYDAT
KOMFORT	PURPUROWY
LICZBA	MOGŁOBY
KORZYŚCI	FACET
MAGAZYN	ROZMAWIAĆ
POLITYCZNY	PROCES
KAŻDA	DOMINUJĄCĄ

Puzzle 12

```
K V L D K A N A R E K A P A R
U S T G Z T R A W I E N I E Z
E C O G E I K L E I W Y F W U
F I X M D N E S A B Z Z I M C
I O S V X C I S S V X S C O I
M O T Y L A S W I J D A T N Ć
W X P K E Y L P G Ę H M I I P
V H M Y O F Y W K L T W O T Ó
P O Z W O L E N I A Ą N N O Ź
W Y C O F A N I A T Ł D Y R N
A U A B P X I G H Y A V U A O
A X A O T R Z Y M A I F Y Q Y
K O Ś C I T O Ń E I B E Z R G
S J A K O P Y T O M O N T A Ż
```

MONITORA	KOŚCI
KANAREK	RZUCIĆ
FICTION	KOPYTO
MASZYNA	WGLĄDU
DZIESIĘTNY	BASEN
OTRZYMA	TRAWIENIE
GRZEBIEŃ	MONTAŻ
MOTYLA	POZWOLENIA
BIAŁĄ	WYCOFANIA
PÓŹNO	WIELKIEGO

Puzzle 13

```
P  C  P  J  P  M  V  Y  E  G  K  C  P  B  N
R  X  Z  L  G  Y  N  O  Z  R  U  K  A  Z  N
O  E  N  E  R  Ł  S  Y  M  U  V  S  T  P  I
F  G  I  I  K  I  W  F  V  P  W  P  R  O  E
E  E  G  N  R  O  P  I  M  Y  W  A  Z  Ś  B
S  I  D  D  A  F  L  R  E  O  N  D  Y  W  A
O  N  I  A  Z  O  C  A  Z  L  N  E  Ł  I  B
R  A  Z  P  S  O  L  O  D  Y  K  K  H  Ę  E
A  T  C  U  B  T  P  H  X  Y  P  A  E  Ć  C
H  I  S  T  O  R  I  I  I  G  A  I  K  M  Z
E  W  F  E  T  K  C  Z  Y  T  A  Ć  S  O  K
T  O  W  S  P  Ó  Ł  C  Z  U  C  I  E  A  A
G  P  I  W  E  W  N  Ę  T  R  Z  N  E  B  Ć
W  Y  S  T  A  R  C  Z  A  J  Ą  C  Y  B  F
```

PROFESORA	POŚWIĘĆ
GRUPY	CZEKOLADY
UPADNIE	ZAKURZONY
CZYTAĆ	NIE
UMYSŁ	PRZYPISAĆ
HISTORII	OBSZAR
WIELKA	BABECZKA
WYSTARCZAJĄCY	WSPÓŁCZUCIE
WEWNĘTRZNE	POWITANIE
PATRZYŁ	SPADEK

Puzzle 14

```
Y X N K P Z J U W P O E T D P
J Ó W T U E C G N O X C U N U
R Y N Ó D W A T P D L V E Y W
O I S R E N V P O Z W Q F N R
D P R Z Ł Ą V N D I O K I K A
T N R Y K T H J J A B N Z R K
R U L Ó O R S P Ę Ł E G Y O W
I F T Z Ż Z Z Y T J C O C K Ó
Y N R A T N E M E L E R Z U D
P O C Z T Y I Y E M S Ą N S O
Ć K B A N A N A Y O M C A X L
Y N A W O Ż A G N A A Z O Z K
Z D W C G C B D R E T K N U P
S E M Y W O Z C Ń A R A M O P
```

POCZTY
SZYĆ
PUNKT
ZAANGAŻOWANY
PUDEŁKO
ELEMENTARNY
LODÓWKA
OPRÓŻNIANE
POMARAŃCZOWY
PODJĘTE

GORĄCZKA
TWÓJ
KROKUS
FIZYCZNA
OCENA
ZEWNĄTRZ
BANAN
WOBEC
KTÓRZY
PODZIAŁ

Puzzle 15

```
D  Z  W  Y  K  L  E  R  D  G  B  X  M  N  Z
U  O  U  R  T  E  M  O  M  R  E  T  H  C  A
D  R  R  U  L  R  N  C  I  T  K  X  N  Y  S
Z  I  L  O  H  M  C  Z  F  U  U  A  R  O  K
I  L  K  O  S  R  Ł  N  G  P  P  W  O  I  O
E  D  Y  Z  P  Ł  S  E  H  P  O  O  Z  C  C
C  V  H  X  M  U  Y  J  R  I  W  M  M  I  Z
K  E  Z  R  S  A  M  C  N  O  A  Z  O  E  O
A  Z  Ł  Q  Y  T  O  Z  H  S  Ć  O  W  N  N
E  Z  G  E  R  Q  P  A  P  E  Z  R  Y  K  Y
P  A  P  U  G  A  Q  E  A  N  A  H  I  I  B
D  D  B  M  Y  L  I  S  N  K  B  X  P  E  Q
L  Q  C  N  T  L  F  Ą  J  A  G  A  M  Y  W
G  O  D  Z  I  N  N  Y  S  E  N  H  X  R  L
```

PIOSENKA	PAPUGA
TYGRYS	KUPOWAĆ
ZWYKLE	DOROSŁYCH
ZASKOCZONY	SEN
WYMAGAJĄ	ŁZA
RZEPA	ROCZNEJ
CIENKIE	ROZMOWA
GODZINNY	ROZMOWY
POMYSŁ	DZIECKA
TERMOMETR	URLOPU

Puzzle 16

```
P  S  Ć  X  C  D  Q  G  K  A  O  Y  Y  P  E
R  Z  G  A  J  E  I  C  Ę  L  K  A  Z  U  U
Z  A  W  K  W  M  D  M  V  T  T  Z  R  M  V
E  C  A  Z  B  O  T  A  L  D  Q  P  T  W  B
P  U  U  C  C  K  N  B  P  J  S  B  B  Z  O
R  N  S  U  Z  R  E  G  R  U  B  M  A  H  L
O  E  T  T  A  A  M  F  Ę  V  P  X  L  S  E
S  K  A  Z  S  T  R  U  I  L  J  O  O  U  Ś
I  B  C  S  A  Y  B  E  M  L  E  S  S  U  N
N  Y  J  R  M  C  C  P  K  I  M  I  H  P  I
Y  Ł  A  E  I  Z  G  K  Y  C  A  U  P  U  E
C  O  Q  A  U  N  A  E  C  O  I  N  N  I  C
T  V  E  R  F  Y  T  S  Y  Z  C  K  I  J  V
M  O  Ż  L  I  W  O  Ś  C  I  I  G  V  M  M
```

CZYSTY	BOLEŚNIE
STACJA	KIJ
INNI	OCEANU
TRZY	HAMBURGER
BYŁO	FILMU
DEMOKRATYCZNY	MOŻLIWOŚCI
CZASAMI	ZAKLĘCIE
PIELĘGNOWAĆ	MUMIA
SZTUCZKA	PRZEPROSINY
LATO	SZACUNEK

Puzzle 17

```
N  I  E  B  I  E  S  K  I  I  C  P  Ł  K  W
F  C  J  A  T  C  G  K  B  S  X  O  A  T  Y
I  D  Z  I  E  R  B  E  D  M  Z  P  Ń  L  G
Y  Z  Y  R  B  Y  D  Ł  O  Ę  I  R  C  D  O
D  A  Q  L  A  N  N  E  I  M  Z  A  U  A  D
F  Z  F  W  F  D  U  N  V  U  B  W  C  N  N
J  N  I  A  Z  S  I  L  J  G  O  N  H  I  E
T  U  W  E  U  R  K  O  S  P  G  Y  B  E  C
U  W  N  P  W  D  A  Ł  W  R  A  G  D  X  D
L  K  A  K  Z  C  Ą  R  G  Y  T  T  J  J  H
A  W  W  R  B  O  Z  W  X  J  Y  Y  H  N  D
T  D  Y  T  Z  N  B  Ą  P  O  T  W  O  R  A
D  D  D  D  R  K  P  J  T  K  P  E  Y  Q  P
P  R  Z  E  N  I  E  S  I  E  N  I  E  R  Z
```

RADIOWY
WYGODNE
TWARZ
ZMIENNA
POPRAWNY
PRZENIESIENIE
ŁAŃCUCH
NIEBIESKI
DAŁ
DZIEWCZĄT

RĄCZKA
GUMĘ
BYDŁO
LAT
POTWORA
SOK
BOGATY
DANIE
IDZIE
DYWAN

Puzzle 18

```
P P W D S C C D K O N T A K T
O U S A I H Z O K R Ó W D O P
Ł C C N Ę Y B O E L B S W C
Ą Z H Y D T M R T S R B P X P
C Y Ó T Z N A Y K V E N D N F
Z Ć D I I Y K J D H E Q B C A
E P U Z M Z U I W O Ł O V E W
N C O G B Ć A W O S O T S A Z
I I J M O D N O S Z Ą Ł Ą K A
E H S G A A B S O L W E N T E
D J C W X G N I E N A W I Ś Ć
T L A Z D S A O O X W S P R H
P L P X D O C H O D Z E N I E
P O D E K S C Y T O W A N Y F
```

PODWÓRKO	DOCHODZENIE
KONTAKT	CHĘTNY
DOBRY	OŁOWIU
ABSOLWENT	POŁĄCZENIE
WSCHÓD	CZY
PODEKSCYTOWANY	UCZYĆ
ODNOSZĄ	SIEDZI
POMAGA	NIENAWIŚĆ
ŁĄKA	DANY
ZASTOSOWAĆ	NAUKA

Puzzle 19

```
Z  Ł  O  Ż  O  N  Y  M  T  W  B  B  R  F  W
S  Ł  O  W  N  I  C  T  W  O  E  P  I  V  Y
K  O  M  P  L  E  K  S  M  G  Z  V  Q  X  C
S  E  O  G  E  N  Z  C  I  H  C  Y  S  P  I
O  T  P  N  D  X  Y  W  Z  R  E  W  S  G  Ą
W  P  O  W  I  N  N  A  E  A  L  V  E  A  G
A  T  F  N  E  N  L  L  G  M  O  K  K  R  N
B  U  R  C  S  M  A  P  A  I  W  E  W  D  Ą
D  F  H  Ó  N  H  K  A  R  Ę  E  I  E  E  Ł
N  Q  P  Q  J  P  O  Z  Ż  O  N  A  N  N  F
F  B  D  S  C  K  L  C  Z  V  I  Q  C  F  T
B  U  Q  X  R  N  Ą  M  D  Ó  Ł  S  J  E  W
S  K  O  C  Z  Y  Ł  T  Q  J  A  O  Ę  D  P
Z  W  A  L  N  I  A  J  Ą  C  Ą  V  F  Y  Y
```

WYCIĄGNĄŁ	KOMPLEKS
RAMIĘ	DÓŁ
ZŁOŻONY	ZEGAR
TRÓJKĄT	SKOCZYŁ
SEKWENCJĘ	PSYCHICZNEGO
SCRUB	POWINNA
ŻONA	GARDEN
CZAPLA	BEZCELOWE
LOKALNY	SOWA
SŁOWNICTWO	ZWALNIAJĄCĄ

Puzzle 20

```
S  P  O  Ż  E  G  N  A  N  I  E  S  K  E  T
Z  U  N  G  B  U  S  P  O  R  T  T  O  L  R
T  Ś  L  I  M  A  K  O  W  E  J  Y  N  A  A
U  T  I  W  Ś  O  J  P  X  S  S  L  K  S  G
K  D  Ć  I  B  U  L  Ś  O  P  B  K  U  T  I
A  I  N  A  W  O  T  Z  S  E  R  A  R  Y  C
T  Q  C  Z  Z  P  O  D  M  U  C  H  E  C  Z
O  D  W  S  C  S  A  Z  N  R  L  G  N  Z  N
B  Q  W  U  F  K  A  H  O  O  U  G  C  N  Y
O  A  M  S  C  E  L  R  O  Z  D  W  J  Y  O
S  Y  N  L  A  J  C  E  P  S  O  P  A  M  T
S  C  P  Z  W  V  M  Z  Z  Z  Z  Q  M  D  B
O  D  P  O  W  I  E  D  N  I  O  A  L  X  I
Z  I  J  E  J  C  Z  A  R  N  A  R  V  K  D
```

STYL	ODPOWIEDNI
SPORT	ŚLIMAKOWEJ
POŚLUBIĆ	ELASTYCZNYM
CZARNA	ŚWITU
TRAGICZNY	PODMUCH
POŻEGNANIE	KONKURENCJA
SOBOTA	SER
SUSZA	SZTUKA
CEL	ROZPRASZAĆ
SPECJALNY	ARESZTOWANIA

Puzzle 21

```
Ś  S  G  R  I  Q  H  S  M  A  K  O  Ł  Y  K
R  K  R  L  O  M  J  A  N  J  O  W  X  I  B
O  Ó  O  H  S  K  M  B  Ł  W  A  Ż  K  A  A
D  R  S  J  A  K  S  Y  D  A  O  W  C  E  D
O  Y  Z  O  C  Q  C  R  E  R  S  A  K  S  A
W  S  E  K  I  A  Z  O  Z  R  A  U  R  A  N
I  K  K  N  E  X  M  L  S  H  I  D  H  J  I
S  R  Q  L  S  Q  R  E  O  F  N  M  Z  S  E
K  T  O  Q  Z  Y  M  I  P  M  D  N  S  J  Q
O  C  A  U  Ę  J  Z  W  U  L  O  Z  K  L  U
W  P  R  O  D  U  K  T  S  T  R  A  C  I  Ć
E  L  J  K  F  Z  M  F  J  A  B  S  N  G  K
H  F  C  A  B  X  A  K  Ć  A  Z  A  K  A  Z
K  O  M  E  R  C  Y  J  N  Y  T  C  X  N  E
```

ŚRODOWISKOWE
PRODUKT
OWCE
KOMERCYJNY
ZBRODNIA
STRACIĆ
BADANIE
SMAKOŁYK
HAŁASU
GROSZEK

POSZEDŁ
JAK
WAŻKA
ROK
CIESZĘ
WIELORYBA
CZAS
SKÓRY
ZAKAZAĆ
WOJNA

Puzzle 22

```
D Z I S I A J C P P F Ż B N I
H Q Z K J O Y I C P D A N U D
W O D Y J H A P Ł A M G I B M
Z D O L N Y T O H C O I E M M
C T L Q L X A Ł F V T E P Z A
L I S D E L K E O W S L O A V
X T E P P A N L O Ę W D W Z
O N S Ń O X Q Ć Ś E Z S O I A
S U Ł O P S E Z U O C I B E C
S O U X Q E I C F O O N N R P
B U D Y N E K Ł Y K R Q E A G
O K H B Y Y Ł G E L D O G Ć P
P U B L I C Z N E K T W O D T
Z P U H R N I E Ś M I A Ł Y E
```

POSIŁEK	ŁODZI
ZESPOŁU	SZEŚĆ
OCHOTY	PAN
ŻAGIEL	NIEPODOBNEGO
ZDOLNY	CZĘSTO
DZISIAJ	WODY
ODLEGŁY	ATAK
BUDYNEK	MAŁPA
ZAWIERAĆ	NIEŚMIAŁY
CIEŃ	PUBLICZNE

Puzzle 23

```
P K Z P Z K R Ó L O W A W E C
O D Ć Ę I W E I Z D P P Ł B S
B R M M Y E I V Y O D W A A J
Y W Ć B J E R Ę I O L E Ś Y P
T L I J Q C U W K G B Ł C O C
J Y N L A R O M S S T N I B Y
N Z D F J E V G H Z Z A W S W
Z S O M H S D F L D E Y E E J
P O W I E R Z C H N I A Ć R M
U R O R R E T Y T A M E T W Y
C G D Q J B R Z Q Y R E Z O Ś
E S U B X F K C W M T F Q W L
Z R E A L I Z O W A Ć U Q A E
K I E S Z E Ń V Z A V B Ł Ć Ć
```

ZREALIZOWAĆ	MYŚLEĆ
MORALNY	WEŁNA
DZIEWIĘĆ	OBSERWOWAĆ
TEMAT	KRÓLOWA
SERCE	KIESZEŃ
POBYT	TERRORU
ZWIĘKSZYĆ	UDOWODNIĆ
WŁAŚCIWE	GROSZ
PIERWSZE	OCZY
TYTUŁ	POWIERZCHNIA

Puzzle 24

```
P  Ł  Y  W  A  Ć  Z  E  Y  T  P  N  S  N  T
H  N  C  H  C  A  M  A  R  T  W  I  P  A  P
O  F  M  D  I  W  K  P  X  V  S  W  R  T  D
J  Z  B  V  L  I  K  A  O  N  F  P  A  Y  E
N  E  K  G  U  K  K  J  P  Ś  R  C  W  C  K
O  F  R  X  I  U  B  E  S  U  C  V  A  H  M
Ś  C  E  Ć  Y  Z  R  O  W  T  S  I  W  M  I
Ć  W  H  S  D  S  J  N  S  Q  K  T  G  I  E
R  O  D  I  M  O  P  T  Ą  G  T  U  A  A  S
T  E  U  K  U  P  N  Ę  S  A  O  J  O  S  Z
D  V  X  G  N  I  K  I  I  T  Ś  R  E  T  A
A  N  T  Y  K  V  C  P  A  N  C  U  I  O  N
Z  I  J  H  O  B  B  Y  D  I  S  W  L  W  K
R  Z  E  Ż  U  C  H  Ę  Ż  P  R  Ą  D  Y  A
```

MARTWI	POSZUKIWAĆ
PIĘTNO	ANTYK
SPRAWA	PRĄD
MIESZANKA	KAPUSTA
NATYCHMIASTOWY	HOJNOŚĆ
KTOŚ	STWORZYĆ
ULICA	SĄSIAD
ŻYCIU	POŚCIG
HOBBY	PŁYWAĆ
RZEŻUCHĘ	POMIDOR

Puzzle 25

```
D  Z  I  A  Ł  A  N  I  E  U  S  V  E  A  C
C  A  Ł  K  O  W  I  C  I  E  P  V  A  R  E
U  G  F  K  U  K  Ć  C  L  F  C  N  K  B
M  X  G  M  I  C  J  E  L  E  N  I  E  T  U
Ś  R  E  D  N  I  Ą  I  Y  E  N  S  B  Y  L
P  S  T  B  J  V  N  Z  F  T  G  Ł  N  C  A
R  V  O  E  A  C  C  D  L  Q  P  O  A  Z  Y
Z  H  U  F  K  R  G  I  Y  W  I  N  J  N  M
E  C  N  H  A  S  O  W  O  Ł  S  E  G  Y  E
N  K  N  A  K  Y  T  E  L  T  A  C  O  C  T
O  A  C  W  A  D  E  Z  R  P  S  Z  R  H  O
Ś  G  D  Z  I  E  Ś  R  F  N  C  N  S  Q  D
N  R  O  B  O  T  A  P  A  T  E  Ą  Z  R  A
E  M  S  E  W  W  K  R  Ó  T  C  E  Y  O  G
```

ATLETYKA	SŁOWO
TEKST	DZIAŁANIE
ROBOTA	ETAP
PRZEWIDZIEĆ	SŁONECZNĄ
CAŁKOWICIE	GDZIEŚ
ARKTYCZNYCH	JELENIE
ŚREDNIĄ	SPRZEDAWCA
METODA	CEBULA
NAJGORSZY	SOFA
WKRÓTCE	PRZENOŚNE

Puzzle 26

```
B M R Ó B Y W E R K B S G O N
X H C E I M Ś O U V U E T S I
T L A I S U M I K S T R A M E
A D O R Ś T R V D E E G N O S
R S E C G M A B Ą C L V R K T
B T K M Y T M U Z V K X S A A
L Z U R G C E X R Z I G Q Ł B
O S R O O T E H O A I Z S A I
K S K F O M S E P X C J L I L
T M U E S L N L V Z Z J E R N
U H M R L T A Y P O Y M A E Y
R O Z M A W I A Ł N S X V T N
L B F F T R Z J N C Z E K A Ć
M P K F O Ć Y Z S J E I N M Z
```

REFORM	MATERIAŁ
PORZĄDKU	WYBÓR
CZEKAĆ	ZMNIEJSZYĆ
BLOK	NIESTABILNY
SKROMNY	GRA
BRAT	ŚMIECH
ŚRODA	SKI
MUSI	RESTAURACJA
KREW	BUTELKI
KRUK	ROZMAWIAŁ

Puzzle 27

```
P  C  K  J  Z  X  Z  D  Ł  U  G  O  Ś  C  I
H  R  I  J  C  A  R  E  P  O  H  B  T  W  W
U  P  Z  O  A  A  E  P  A  W  D  L  O  U  J
L  O  Z  E  S  O  V  T  R  P  Ł  Y  T  K  A
A  Ś  A  Ż  Ż  Z  R  R  T  S  C  L  Q  K  N
J  W  C  G  X  Y  T  F  N  Z  P  R  O  J  S
N  I  H  A  J  N  Ć  W  E  I  K  D  O  Z  R
O  A  O  A  K  Q  M  G  R  Y  T  C  O  A  P
G  T  W  A  L  M  O  B  J  Ę  T  O  Ś  Ć  Y
I  A  U  J  E  W  O  K  T  Z  S  E  R  J  T
H  G  J  B  O  I  H  D  N  A  P  A  D  F  A
Q  C  Ą  M  Ć  A  T  S  E  Z  R  P  A  Z  N
S  T  R  A  T  E  G  I  Ę  L  J  T  C  K  I
U  S  Ł  Y  S  Z  E  Ć  K  L  Z  D  V  F  E
```

OPERACJI	POŚWIATA
PARTNER	RZODKIEW
OBJĘTOŚĆ	USŁYSZEĆ
STRATEGIĘ	PŁYTKA
RESZTKOWEJ	PRZEŻYĆ
PYTANIE	NAPAD
BOI	ZAPRZESTAĆ
DWA	ZACHOWUJĄ
CIOS	DŁUGOŚCI
HULAJNOGI	MODEL

Puzzle 28

```
S O G L I P W I T A M I N Y A
C Ł O G R O D Z E N I E D K M
I I U W I E K U T Z Y G X A B
C B K Ż T A J E M N I C E I I
H U V O Y Ł A N O K S O D C C
Y L D U L Ć A W O S Y R A N J
H J M F V U U J A W N I Ć O A
Ę M O Y Z G M R U Y G U Q K P
O K U L A R Y N Z I Z Z Y R E
R R T I M U M B I B P M O Ą Ł
T G B S Z J G L I E K Z U G N
U Q E E Ą J A T S O Z O P Ł E
J B F Z Z Z R E A K C J I Y G
W Ł A S N Y C C J I M D E W O
```

POZOSTAJĄ
AMBICJA
OKULARY
WIEKU
NARYSOWAĆ
CICHY
SŁUŻYĆ
CZĄSTKĘ
LUBIŁ
UJAWNIĆ

WITAMINY
PEŁNEGO
REAKCJI
JUTRO
OKRĄGŁY
OGRODZENIE
TAJEMNICE
DOSKONAŁY
WŁASNY
KOLUMNIE

Puzzle 29

```
W  Y  S  T  Ą  P  I  Ć  J  T  N  L  P  A  D
T  E  A  P  U  F  B  B  N  J  C  Z  O  U  W
E  C  Z  O  G  V  E  O  O  Q  W  S  J  M  A
R  Ę  W  D  P  O  T  R  Z  E  B  A  E  I  D
A  J  U  R  Q  O  Q  C  E  F  Y  S  D  E  Z
Z  U  W  Ó  E  G  Ę  I  S  A  Z  U  Y  J  I
E  T  P  Ż  D  Z  E  T  F  H  H  T  N  Ę  E
B  R  Z  O  S  K  W  I  N  I  A  A  C  T  Ś
G  A  A  K  T  O  R  S  B  X  T  T  Z  N  C
B  Ż  V  S  K  R  Ę  T  U  E  D  A  A  O  I
R  O  Z  P  O  C  Z  Ą  Ć  V  Z  G  W  Ś  A
P  R  Z  Y  D  A  T  N  Y  E  B  R  N  C  A
I  N  F  O  R  M  A  C  J  E  Q  R  P  I  K
A  K  T  Y  W  N  O  Ś  Ć  Ą  N  G  Ą  I  C
```

ROZPOCZĄĆ	POJEDYNCZA
PRZYDATNY	CIĄGNĄĆ
UMIEJĘTNOŚCI	PRZEBIEG
ŻARTUJĘ	AKTYWNOŚĆ
TATA	INFORMACJE
WYSTĄPIĆ	POTRZEBA
AKTOR	ZASIĘG
TERAZ	SKRĘTU
SEZON	DWADZIEŚCIA
BRZOSKWINIA	PODRÓŻ

Puzzle 30

```
U  I  K  N  U  S  O  T  S  F  J  H  J  B  A
B  C  I  Ł  W  P  G  S  C  Q  W  J  L  V  N
R  M  N  A  U  A  E  O  T  S  A  I  J  O  G
A  S  Z  T  H  L  I  Q  U  A  B  H  U  C  I
N  T  C  W  H  O  N  T  N  N  T  E  S  Z  E
I  W  Ę  O  S  N  D  F  X  X  A  N  B  E  L
A  Y  R  Ś  U  E  E  A  U  U  W  D  I  K  S
K  J  H  Ć  Ć  Y  Z  C  Z  S  I  N  Z  E  K
Ł  Ą  G  A  Y  T  R  C  H  O  M  I  K  A  I
Y  T  C  K  R  Ę  P  O  H  S  A  A  C  G  M
M  K  C  I  K  J  O  C  Q  O  D  Z  V  C  I
O  I  I  N  D  A  P  Z  D  W  A  Y  Q  T  B
P  E  J  U  O  Z  U  U  D  H  P  L  W  A  I
U  M  W  Z  I  Ą  Ł  R  N  W  O  Y  X  A  N
```

WZIĄŁ	SPALONE
ZNISZCZYĆ	WYJĄTKIEM
CHOMIKA	LWA
ŁATWOŚĆ	ODKRYĆ
OSTATNIE	UNIKAĆ
RĘCZNIK	CZEK
STOSUNKI	UBRANIA
POMYŁKA	ANGIELSKI
ZAJĘTY	OCZU
POPRZEDNIEGO	OPADAMI

Puzzle 31

```
D O B R Z E Z S O R G C P P P
O W T Ć Y I S V R Q Z Z O R R
W T W A R E S U F A P U W Z Z
S S W Ż G J O T A E F Ć I E E
P Ń O I Z U R Y O P E Z E P S
I E Ł L E F E P E T M Z D I Ł
E Ż A B J R A O R U N L Z Ó U
R Ł I Z Q A A P Y J H Ą I R C
A A N L W Q O C V E G B A C H
Ć M M U N I Q B Z L O L Ł Z A
S Ł O W N I C Z E K U O O Y N
U A P G R A W I T A C J A B I
Q N A B S P R Ó B O W A Ć O E
U N Z P O P O Ł U D N I E R N
```

ISTOTNĄ
WSPIERAĆ
SŁOWNICZEK
GROSZE
GRAWITACJA
POPYTU
GLOB
KLEJU
SPRÓBOWAĆ
ZBLIŻAĆ

DOBRZE
POWIEDZIAŁ
ZAPOMNIAŁ
OTWIERACZ
MAŁŻEŃSTWO
ZGRYZ
CZUĆ
PRZEPIÓRCZY
PRZESŁUCHANIE
POPOŁUDNIE

Puzzle 32

```
U C R P F B E J O W I P U U R
S O K O R S M Y D Y S Ł K O O
T K O W E T A Z D N C A J U Z
A O U Ą Z A E L Y L V Z T O W
L L R C J L I S C A R A G S I
E W U H A E C C H U E K A T Ą
N I G A D N X E A T S O H R Z
I E N Ć F T Q Y Ć R U P L O A
A K A I N E Z C E I P Z Z K N
R T K B K P C Q X W U W D R I
Z E B R A N W Y T Y Z O P Z E
G Ę Ś W K A A S U K N A G E F
L A B D E Q J B U S G R J W V
P R Z Y W I L E J I E P I U F
```

ROZWIĄZANIE
FREZJA
SUKNA
USTALENIA
PRZYWILEJ
POKAZAŁ
TALENT
PIWO
ODDYCHAĆ
ZEBRA

GĘŚ
POWĄCHAĆ
KANGUR
HOSTA
BANKI
OSTROKRZEW
PIECZENIA
WIRTUALNY
POZYTYWNA
COKOLWIEK

Puzzle 33

```
P N W Y Z N A N I E X S P H C
M Ć A W O Z I L A E R I R S Z
Z N I T H H W V Ę I A Ł Z A T
P Ą O C U Y V C Z N J A E M E
R H B Ż K R O R Z E C H K O R
O A A A E W A N I C U I O N D
S N Ć O L N Z A P Ł T F N I Z
T D A K V P I X R A Y N A W I
E L R Y Z I W E O T T D Ć X E
G U B Y B Q I R D Z S E P G Ś
O O E A F A O A Z S N T S Q C
O B D F G O R W I K I M R J I
S P O D N I E I M Y W D P Y Y
N R Z A D K O B Y W Z G E R K
```

PROSTEGO
PRZEKONAĆ
SPODNIE
MNOŻENIE
ODEBRAĆ
INSTYTUCJA
RZADKO
ORZECH
WINO
NATURA

SAMO
WYZNANIE
REALIZOWAĆ
HANDLU
RODZIMY
PIZZĘ
CZTERDZIEŚCI
WYKSZTAŁCENIE
ZĄB
SIŁA

Puzzle 34

```
V K F P F M I A N O W N I K P
Q A S R O M A T E R I A Ł Y R
M S W O L E I C Y Z C U A N O
Ą Z U S K O E C K W Z T D B J
D T P Z L H N P R A W A S G E
R A V Ę O N Q E E M I M M Y K
O N D E R S A V Z N S K A M T
Ś Y A B Y N T C C S H H K O O
Ć X M W X G U F C R O S O I M
Ć Y Z C A M U Ł T Y W W W C Z
W C P P G T K O N I E C E E J
W B D Ó T R S M E C H A N I K
B O D G Ł L I Y O R E O W Z E
D D G C G O C S W S C A I D J
```

WYTŁUMACZYĆ	KASZTANY
MECHANIK	ONE
FOLKLOR	PROSZĘ
MATERIAŁY	PÓŁ
PRAWA	SHOW
SMAKOWE	WYSTAWA
PROJEKT	NAUCZYCIEL
MAD	KONIEC
MĄDROŚĆ	OBCY
MIANOWNIK	DZIECIOM

Puzzle 35

```
O D Z Y S K I W A N I A Ł P M
Z A Z N A J O M I E N I A S N
C B W Y C H W Y C I Ć N S E Ó
P R Z E L E W A K Y K T I K S
A N H A A W M A J Ą D N C U T
D W X U K W K W U B H Ą A N W
O U E A W P G U J K Z U Ł D O
G G C P Ó H Z R W I E R Z B A
O Z O H R C A V V K T O Z B L
P I W P E O W O G Ę R Z X R I
R L O Z P T G D B I A C U M W
N Ś N S M H I R B Z W E M G H
Q O O Z E T F H A D T I I T C
N P B B T V V V A M O W G V J
```

MAJĄ
TEMPERÓWKA
DZIĘKI
ŁASICA
WYCHWYCIĆ
WIERZBA
ODZYSKIWANIA
OTWARTE
SEKUND
DUCH

BŁĄD
WIECZORU
CHWILA
POGODA
POŚLIZGU
ZAZNAJOMIENI
PROGRAM
MNÓSTWO
OWOCE
PRZELEWA

Puzzle 36

```
S  S  G  H  Y  H  L  N  K  Y  G  B  K  N  F
P  T  T  Ł  X  T  A  N  X  I  J  E  J  I  K
Y  Z  R  A  O  L  L  B  U  M  E  Z  N  E  S
G  T  Z  Z  T  W  B  Q  Z  A  N  X  G  W  K
H  M  E  I  E  E  Y  V  A  D  A  B  R  I  R
A  J  I  Y  R  L  K  Q  C  O  W  K  V  D  E
U  J  T  K  Y  W  A  N  H  H  O  P  T  O  M
I  N  D  E  K  S  U  Ć  O  C  D  M  E  C  D
L  U  S  T  R  O  A  H  W  S  Y  I  N  Z  Y
S  Z  A  N  S  A  X  W  A  M  C  M  I  N  P
G  R  Z  R  S  N  K  D  Ć  Z  E  O  S  Y  L
Z  A  C  H  O  D  N  I  Ą  Z  D  M  S  B  O
S  Z  E  R  O  K  A  T  A  N  Z  S  Y  Q  M
C  N  K  D  N  I  E  S  P  O  K  O  J  N  Y
```

BADA	INDEKSU
STATEK	BEZ
ZACHODNIĄ	GŁOWY
MIMO	NIEWIDOCZNY
SZEROKA	SZANSA
TENIS	LUSTRO
ZACHOWAĆ	NIESPOKOJNY
ZDECYDOWANE	SCHODAMI
KREM	DYPLOM
STRZELAĆ	NAWYK

Puzzle 37

```
Z  T  P  T  G  G  G  L  A  H  M  H  J  B  K
U  X  H  K  U  K  F  Ł  Z  W  N  L  A  P  R
Ż  B  C  I  R  L  B  M  U  W  L  X  B  L  Ó
Y  S  Y  N  N  E  I  L  A  P  E  D  A  P  L
T  U  N  W  Z  I  Z  P  P  A  I  F  L  U  E
Y  B  A  A  X  N  A  R  A  N  C  E  O  S  W
P  O  W  R  Ó  T  P  G  V  N  A  D  N  Z  S
G  T  O  P  X  O  O  M  S  U  J  O  F  Y  K
S  U  L  U  V  R  B  M  O  W  Y  B  D  S  A
O  A  O  K  K  K  I  O  D  K  Z  R  U  T  Ł
P  S  Z  J  O  U  E  G  S  I  R  A  U  Y  G
C  X  I  V  I  W  C  I  I  W  P  Z  S  R  I
J  P  D  S  E  D  M  I  E  D  Z  I  C  C  I
A  W  O  V  U  L  A  T  A  J  Ą  C  Y  C  B
```

ODIZOLOWANYCH	PUSZYSTY
POWRÓT	OPCJA
PAUZA	PRZYJACIEL
DOBRA	DWUKROTNIE
LATAJĄCY	ZAPOBIEC
KRÓLEWSKA	BALON
MOWY	AUTOBUS
GŁUPIE	PRAWNIK
ZUŻYTY	MIEDZI
IGŁA	TULIPAN

Puzzle 38

```
Ł  W  S  P  A  N  I  A  Ł  Y  U  E  Z  B  S
T  O  G  Y  N  N  O  T  A  Ś  M  Ę  A  O  T
J  A  Ś  H  J  X  K  F  Y  G  Y  I  O  R  A
J  T  R  D  Y  D  V  M  E  S  N  A  S  S  N
E  U  Y  Z  C  Ę  T  A  A  L  U  R  Z  U  D
U  C  W  Y  Y  A  A  N  D  D  E  O  C  K  A
C  M  G  W  D  S  T  A  O  R  K  T  Z  A  R
F  D  I  W  A  R  E  I  R  A  K  K  Ę  J  D
R  O  V  G  R  U  Z  M  G  B  C  E  D  S  S
I  Y  T  N  T  M  A  D  A  I  P  R  Z  R  P
Ź  R  Ó  D  Ł  O  G  O  Z  N  H  Y  I  E  A
M  F  B  E  T  O  Y  L  Y  A  K  D  Ć  W  L
U  C  Z  E  S  T  N  I  C  Z  E  N  I  A  E
B  E  Z  P  I  E  C  Z  E  Ń  S  T  W  O  C
```

PALEC	GAZETA
BORSUKA	ŁOŚ
ODMIANA	DRABINA
WSPANIAŁY	TĘCZY
STANDARD	TAŚMĘ
WERSJA	TELEFON
KARIERA	ŹRÓDŁO
ZAOSZCZĘDZIĆ	DYREKTORA
TRADYCYJNA	UCZESTNICZENIA
ZAGRODA	BEZPIECZEŃSTWO

Puzzle 39

```
G Z C F W I M M U I W D D Z Z
O W P Ł A C Z T I T R P E W W
S B P S X T N U I A C Y N Y I
C Q I K Ł U B H S U R R E K E
A L Y E L X O M J O R Ą R Ł R
Ł N C U K A I N M E I Z W Y Z
A K W M Y T O J O K F X U Z Ę
S P O T K A N I E Y T A J C K
W Y Ł A N I A J Ą A U P E R T
N A S T Ę P S T W I E T F O Ó
O B U D Z I Ł U C Y P S E B R
B O E R E W O S U S K U L Y E
H O D O W L I X I V D C Ł W G
P R A W D A J A A K Q S J G O
```

DENERWUJE
SPOTKANIE
PŁACZ
HODOWLI
MIARĄ
ZWYKŁY
OBUDZIŁ
ZWIERZĘ
ZIEMNIAK
KTÓREGO

WYŁANIAJĄ
CAŁA
GŁUPI
WYBORCZY
NASTĘPSTWIE
PRAWDA
KOJOT
OBIEKT
BUŁKI
LUKSUSOWE

Puzzle 40

```
D L G W I A Z D O W E S Y Z W
N O K E N A T S Y Z R P R C Y
X P M I H X B H J X J Z V L K
D R C N S O P L E P F J Z J R
Z Z I E I Z R O Z U M I E Ć E
I E S L N E S I P A P F I T S
E C Z Ś Ź I M E C W N S N R W
W I Y E Y F P A R P P X C A O
C Ę G R Z Y Y K N I O O E M J
Z T D K C T W Y W A I H B W S
Y N C O Ż P I G U Ł K A O A K
N E M S Ę N A P R A W A D J O
A G Y M M K U K U R Y D Z A W
J O Q K Y W O T O G Ó R Y M E
```

ZROZUMIEĆ
OBECNIE
PRZECIĘTNEGO
PRZYSTANEK
SERII
TRAMWAJ
MĘŻCZYŹNI
DOMNIEMANA
GWIAZDOWE
GÓRY

GOTOWY
NAPRAWA
DZIEWCZYNA
CISZY
SOPLE
OKREŚLENIE
WOJSKOWE
PIGUŁKA
KUKURYDZA
WYKRES

Puzzle 41

```
V C Ć G J M K T Ł U S Z C Z U
O M I T Z A U W A Ż O N Y G W
Ć Ś O D S P R Q N T P R W R Y
M Ć R P B G J P T I L F K A Q
F Ą B S R I P M A W P I W N F
T J Z N X Ó D D E P O K D O Y
M Y U O U E Ż Y Y D R D N E Z
U Z L U K Q Z N G J T E A P R
Z R A K A W R M I F R R G Ę I
E P Q Q O A J A M Ć E K A D T
U L C Q G Q L K M H T A Y Z G
M C L R E P U E I Z D G G E Q
P R Z Y J A C I E L S K I L F
F O R M A L N I E P T P W N X
```

ZAUWAŻONY	RANO
MAKE	TYLKO
MAJA	OPRÓŻNIĆ
WAMPIR	FORMALNIE
TŁUSZCZU	PRZYJĄĆ
PĘDZEL	JEGO
PORTRET	GDZIE
LIDER	KREDKI
MUZEUM	UZBROIĆ
DOŚĆ	PRZYJACIELSKI

Puzzle 42

```
W  Y  K  O  Ń  C  Z  E  N  I  E  Y  B  J  B
S  Q  A  M  E  I  W  M  I  Y  H  N  J  E  Q
G  J  N  T  O  K  I  L  Ó  R  K  O  E  Ż  O
Z  W  Z  N  K  T  R  P  O  Ż  Y  C  Z  Y  Ć
P  M  Y  F  S  E  L  Ó  O  Q  B  Ę  C  F  P
P  R  U  A  G  R  S  Ć  L  U  A  R  A  T  O
T  O  Z  D  C  F  F  R  I  R  V  K  R  N  P
L  G  N  Y  P  O  D  O  B  N  Y  A  Z  S  R
D  S  Z  F  C  P  Z  C  J  Q  O  Z  D  T  Z
Z  K  D  I  M  Z  P  A  R  Y  O  R  U  O  E
S  E  K  C  J  A  Y  F  I  J  I  G  H  H  Z
R  O  D  Z  I  C  E  N  N  X  X  C  K  C  O
S  T  O  P  I  E  Ń  G  A  D  A  L  E  K  O
M  C  B  B  C  P  O  Z  W  O  L  E  N  I  E
```

PRZYCZYNA	WYKOŃCZENIE
PODOBNY	KRÓLIK
ZNAK	WIEM
POPRZEZ	CHRONIĆ
POŻYCZYĆ	STO
KRÓL	FRETKI
ZAKRĘCONY	RODZICE
SEKCJA	POZWOLENIE
DALEKO	STOPIEŃ
JEŻ	RACZEJ

Puzzle 43

```
D G K T K W A C I N D Ó P S S
J Ę U U A F V P L Z D E I Z T
G Ż R H Z Ń Y Q O N O N U P O
Y Ą T X I D C E Ś A K E L U D
U I K E L B Ą A Ć C Ł R V H O
K S I S A T R W L Z A G K C Ł
R K Z K N I O O M E D I O Y A
A P O K A K G M X K N I M W R
D A Y S O W Q Y T H I O Ó I T
Z I D B G D F W L N E F R L S
I Ć Y Z S Y Z R A W O T K N O
E R J D W I B O J A B C A E I
Ż M O J F A N R N T F W O Z S
F G O B S N Q E T Y Ż U Z S R
```

KOMÓRKA	ROB
SPÓDNICA	STODOŁA
DOKŁADNIE	ENERGII
USZKODZONY	GORĄCY
ZUŻYTE	SIOSTRA
KURTKI	CYWILNE
KSIĄŻĘ	KRADZIEŻ
ILOŚĆ	WYMOWA
TAŃCA	ZNACZEK
TOWARZYSZYĆ	ANALIZA

Puzzle 44

```
Ś  R  O  D  O  W  I  S  K  O  F  Q  N  T  T
R  Z  E  C  Z  Y  W  I  S  T  O  Ś  Ć  U  T
C  E  C  H  A  Ł  Ż  M  U  F  T  Y  W  H  C
B  L  E  T  B  U  L  E  O  D  Z  A  I  N  G
L  G  O  R  A  K  U  P  Ń  E  S  J  N  Z  G
S  A  K  U  Ż  Y  M  B  O  S  O  A  F  W  H
S  N  T  S  C  T  Q  U  Y  M  K  O  X  Y  T
R  C  S  K  F  R  T  Q  M  H  I  I  D  A  Q
U  Q  Y  A  D  A  A  Z  A  F  U  Ę  A  Z  K
D  G  Z  W  L  Ż  B  M  S  P  N  N  D  W  N
B  A  S  K  K  Ę  L  E  K  D  P  N  N  Z  N
A  M  W  A  G  W  I  Ś  P  I  E  W  A  Ć  Y
H  J  U  N  K  I  C  N  Ę  D  Z  A  A  J  Ł
L  G  E  X  Y  B  Y  Q  K  R  D  K  F  E  M
```

KOSZT	MŁYN
TRUSKAWKA	POMIĘDZY
ŚPIEWAĆ	ŻEŃSKI
DAWNY	NĘDZA
CHWYT	WĘŻA
ŚRODOWISKO	GNIAZDO
ŻABA	CECHA
ARTYKUŁY	RZECZYWISTOŚĆ
TABLICY	NAGLE
WSZYSTKO	FAZA

Puzzle 45

```
K A R I B U F N I E C H F O S
B O J H M F A C E C I A O D Z
Y F B K E I N A F U A Z O W P
O H O Y T N E Z E R P S P A I
K S W P R L J D Z F A M M Ż N
S W Z S O R V A A R U K A N A
Z M J Ó P T G M B R H Z R Y K
U A L C S E P C U Q G A C J O
K L Z E K T N L R I M B H P L
A I N N E S A E Z S V A E H T
J N E N V W R O E W K W W I X
C O T Y E R A R N I B A K Z C
O W T Z I G P F I W K R A P D
J Y O D G D V T A K I L P U D
```

FACECI
MARCHEWKA
SZPINAK
DUPLIKAT
ZABURZENIA
MALINOWY
ODWAŻNY
NIECH
PARA
KARIBU

KURA
SZÓSTA
GRAD
SZUKAJ
CENNY
ZAUFANIE
EKSPORTEM
NETTO
PREZENTY
ZABAWA

Puzzle 46

```
Z  D  F  B  I  U  M  P  T  Y  P  O  W  Y  L
R  M  E  A  H  K  K  R  J  G  G  Y  T  Q  S
E  L  A  K  G  V  Y  O  O  A  F  Ł  E  Q  P
I  I  N  R  L  Q  N  Ś  U  F  J  U  R  N  O
N  F  I  N  S  A  X  B  M  I  L  K  S  J  W
Ł  E  U  N  G  Z  R  A  Ó  X  H  O  O  E  A
O  K  R  D  O  M  C  U  J  G  W  R  U  Z  Ż
Ż  Y  Z  J  K  I  Q  Z  J  Q  A  B  A  C  N
P  O  Ł  Y  S  K  Z  O  K  Ą  N  S  O  R  A
O  B  R  A  Ż  A  J  Ą  L  I  V  Z  M  O  H
C  Z  A  J  N  I  C  Z  E  K  U  N  O  I  T
K  W  A  L  I  F  I  K  O  W  A  Ć  K  B  N
C  U  O  P  R  Z  Y  K  Ł  A  D  P  R  Z  D
W  Z  G  Ó  R  Z  E  M  I  O  O  L  Y  Q  S
```

WZGÓRZE	ZBIORCZEJ
PROŚBA	POWAŻNA
MOKRY	CZAJNICZEK
TYPOWY	ZMARSZCZKI
PRZYKŁAD	OBRAŻAJĄ
KWALIFIKOWAĆ	ROSNĄ
RUINA	MÓJ
JAJKO	BROKUŁY
ŻOŁNIERZ	POŁYSK
DEKLARUJĄ	FILM

Puzzle 47

```
P R W A J P C C R I F Y J B N
X O L G N Y B D W M G M G R I
F I J K O G E N Ź A R Y W Ą E
A S A A G W Z L E X N J R Z B
P Ą T M Z D S A P P S S B O O
O G K I Q D E H V M X U A W D
D J O L N C N O K L A B N Y Z
W S K Ś I Z S Ę L K S X E P I
Ó M Q Z D T O R H X U U M R E
J M Y T S I W Y Z C O W O A Ń
N M Ó W I G N T F W O Q N L X
Y B A W Ó Ł E F E L V R V N Z
M A L E Ń K I M Q S T I T I G
Ś L I Z G O W E X I T J L A P
```

ANEMON	NIEBO
MALEŃKIM	POJAZD
BALKON	KOKTAJL
OCZYWISTYM	TEST
MÓWI	ŚLIZGOWE
BEZSENSOWNE	ŚLIMAK
DZIEŃ	WYRAŹNEGO
GĄSIOR	PRALNIA
BRĄZOWY	BAWÓŁ
TROCHĘ	PODWÓJNY

Puzzle 48

```
C I O T K Ę P F Y K C N T W D
N U R K O W A N I A Q A R Z O
I M Q I F J W R F F U S Z D M
P O S I A D A J Ą C E T Y Ł I
Ł B R B M J X A J U W A D U N
A H W Q W G H D X V X W Z Ż U
T G A I N A N O K Y W I I X J
S A B R O P W D S J I E E S Ą
Y O T L A M P A R T Q N Ś C C
Z S X U L U Ź N Y F M I C J E
R M H W Ś S I K N U R E I K J
O P R A W D O P O D O B N I E
K T E C H N I K A P L A N U F
S Ź L E P R E Z Y D E N T H R
```

TECHNIKA	TATUŚ
KIERUNKI	POSIADAJĄCE
TRZYDZIEŚCI	PREZYDENT
CIOTKĘ	ŹLE
DODAJ	LUŹNY
NASTAWIENIE	DOMINUJĄCEJ
SKORZYSTAŁ	WYKONANIA
NURKOWANIA	PLANU
PRAWDOPODOBNIE	WUJA
LAMPART	WZDŁUŻ

Puzzle 49

```
L  B  Q  C  O  O  S  D  D  W  N  J  S  A  P
L  S  I  P  U  U  W  R  U  M  S  A  P  J  O
A  R  E  N  A  Q  V  A  W  M  C  G  O  W  D
C  B  E  R  G  F  D  K  X  W  I  N  Ł  Y  E
A  Y  I  S  D  N  O  E  K  K  R  I  E  S  J
A  H  C  U  M  A  B  I  U  Y  X  Ę  C  Z  M
I  L  U  S  K  A  Z  C  R  U  K  C  Z  U  O
N  N  Z  E  Z  S  T  Ę  R  O  G  I  E  K  W
I  I  C  G  L  B  H  J  L  T  Ó  N  Ń  I  A
K  T  U  Y  P  K  Q  D  E  S  N  Y  S  W  N
S  E  Z  M  D  I  K  Z  C  A  K  I  T  A  I
A  E  I  N  Ś  E  Z  C  W  I  M  A  W  N  E
J  Z  R  S  H  R  N  C  H  C  H  K  O  I  C
G  R  U  S  Z  K  A  T  B  I  V  W  Z  E  B
```

ADRES	PODEJMOWANIE
ZDJĘCIE	CAL
JAGNIĘCINY	DRAKE
GRUSZKA	CIASTO
WCZEŚNIE	MUCHA
SPOŁECZEŃSTWO	NÓG
ARENA	INCYDENT
WYSZUKIWANIE	GORĘTSZE
JASKINIA	KACZKI
UCZUCIE	KURCZAK

Puzzle 50

```
L K H B Ą K S Ń A K Y R E M A
P I N A J M N I E J P J F B L
O N C Z A P O M N I E Ć C R T
Ś Z T Z A N N K Q S T D V A E
P C M Z Y U Z G O D N I Ć K R
I E R Z Q Ć K K S P A S T A N
E N F O T O G R A F I A X R A
S O T E Q N Ć A D Ą L G O T
Z Ł F O P O Ś P I E C H I Ś Y
N S A N Ż O R T S O E I N L W
I K T C N E Y N T O M A S I N
E L Ó D G B M X Z F U A W N E
Q R F J T C I Ę Ż K I H C Y S
O S I E M D Z I E S I Ą T Z W
```

PASTA   ROŚLINY
FOTOGRAFIA   SAMOTNY
POŚPIESZNIE   ALTERNATYWNE
BRAK   LÓD
OGLĄDAĆ   SŁONECZNIK
UZGODNIĆ   ZAPOMNIEĆ
LICZYĆ   RYM
CIĘŻKI   POŚPIECH
NAJMNIEJ   AMERYKAŃSKĄ
NIEOSTROŻNA   OSIEMDZIESIĄT

Puzzle 51

```
V P A Y F C S V S I R S W W A
C B Ł B I B A S T E V P E Y S
L P H Y U Ą V K R H M O E S O
O H S S W J R Ą U N P Ł K T R
J Ę Z Y K A E P D W R E E A T
L P O B V D N E N S Z C N R Y
C E L E M Y Z I O T E Z D C M
C C U X R W C U A A S N O Z E
H T K Y D R E W J W Z E W A N
O J J Z G Ą I Z W I Ł J E J T
R I J Z A W N I Z Ć O O J Ą A
Y Y Z U T G O N O R Ś J M C Q
M K A H Q L K N I G Ć F X O J
P O Ł Ą C Z Y Ć D Z I A D K A
```

WSTAWIĆ
WEEKENDOWEJ
CHORY
POŁĄCZYĆ
SKĄPE
DZIADKA
KONIECZNE
WYSTARCZAJĄCO
INWAZJI
PRZESZŁOŚĆ

JĘZYK
INNĄ
WYDAJĄ
ASORTYMENT
WERDYKT
TRUDNO
CELEM
SIR
PŁYWANIA
SPOŁECZNEJ

Puzzle 52

```
I  Z  S  O  F  N  V  N  B  P  S  R  W  A  W
G  L  K  R  M  C  P  I  W  L  Y  R  S  U  P
N  I  P  Z  P  R  A  C  O  W  N  I  K  T  R
O  K  Y  E  I  N  T  O  R  K  A  P  N  O  O
R  S  R  Ł  B  W  F  D  H  D  W  B  Y  M  W
O  E  N  Y  I  W  P  Z  F  I  Z  U  H  O  A
W  N  M  O  C  E  I  W  O  K  U  A  N  B  D
A  S  J  O  W  M  B  O  O  N  Q  B  D  I  Z
Ć  Y  R  E  H  E  B  N  G  U  F  A  I  L  A
R  T  A  P  Ż  U  Q  A  Ó  R  D  L  F  E  J
J  L  N  V  M  E  N  M  R  A  S  I  Ę  D  Ą
Ę  I  N  W  O  S  I  P  E  W  G  Ć  Z  D  C
D  E  D  X  W  Y  C  W  K  L  O  K  M  P  E
C  D  S  H  Y  S  H  C  Ś  Y  F  Q  W  A  H
```

KROTNIE
OGÓREK
WPROWADZAJĄ
PRACOWNIK
DZWON
AUTOMOBILE
NICH
IGNOROWAĆ
ŚWIEŻEJ
NOWE

PIN
WARUNKI
SIĘ
TYS
ZWANY
NAUKOWIEC
SENS
ORZEŁ
PISOWNIĘ
ĆMA

Puzzle 53

```
P  D  Z  I  W  N  E  G  O  Y  V  H  B  C  U
O  I  N  A  T  Y  C  H  M  I  A  S  T  R  Ł
L  N  A  E  M  O  C  J  O  N  A  L  N  Y  A
A  O  N  S  F  W  D  O  Z  S  L  Z  J  P  S
G  Ż  J  Z  K  W  A  N  T  O  P  G  J  N  K
W  Y  Y  T  Y  O  X  W  N  W  W  N  T  R  A
Y  C  H  X  O  W  O  G  M  Z  I  U  O  W
B  Z  K  W  T  O  W  E  Z  R  D  Ł  T  D  I
U  K  A  R  E  G  I  O  N  U  I  E  Y  Z  E
C  I  R  A  V  Y  N  Z  I  C  U  R  T  A  N
H  Y  T  I  B  R  O  X  O  H  K  Q  S  J  I
N  I  A  W  I  D  O  C  Z  N  E  W  B  W  E
Ą  Z  A  P  R  O  S  I  Ć  F  B  M  U  D  H
Ł  I  M  U  H  D  Ó  H  C  O  M  A  S  E  T
```

TRUCIZNY	WYBUCHNĄŁ
ZAPROSIĆ	DZIWNEGO
ATRAKCYJNA	EMOCJONALNY
PIASKOWE	RUCH
GALOP	DRZEWO
RODZAJ	NATYCHMIAST
ORBITY	ZGNIŁE
NOŻYCZKI	SUBSTYTUT
WIDOCZNE	SAMOCHÓD
UŁASKAWIENIE	REGION

Puzzle 54

```
P  R  Y  W  S  K  A  Z  U  J  Ą  S  X  S  Z
X  R  D  M  V  D  O  Z  F  C  C  T  M  K  A
Ń  E  Z  R  T  S  E  Z  R  P  R  E  N  B  P
W  Y  A  E  O  P  O  Z  B  A  W  I  Ć  R  A
O  Ż  I  N  D  B  S  C  Z  W  A  R  T  A  C
P  T  W  T  F  Ł  Y  T  A  I  W  Ś  N  L  H
N  O  G  A  W  C  U  W  A  Ł  Y  B  D  O  D
Ć  Ś  O  Ł  I  M  L  Ż  A  R  H  T  W  I  T
N  O  C  P  R  Q  A  S  Y  T  T  K  O  K  S
N  L  X  Z  U  I  J  Q  T  Ć  E  O  A  I  D
D  H  H  E  P  O  K  R  Y  T  E  L  W  R  M
V  U  U  B  P  O  W  T  Ó  R  Z  Y  Ć  Y  J
N  A  G  R  O  D  A  F  A  R  Y  Ż  X  D  M
Q  Ś  R  O  D  K  O  W  Y  D  P  L  J  F  X
```

GWIAZDY	WAGON
NAGRODA	ŚWIAT
POZBAWIĆ	NIŻ
ZAPACH	PRZEDŁUŻYĆ
OBYWATEL	CZWARTA
ODBYŁA	POKRYTE
BEZPŁATNE	ŚRODKOWY
PRZESTRZEŃ	MIŁOŚĆ
ŻYRAFA	POWTÓRZYĆ
STARTOWYM	WSKAZUJĄ

Puzzle 55

```
P  Z  T  R  E  N  E  R  F  S  P  Q  I  L  P
O  A  I  G  O  L  O  I  B  M  R  L  S  S  U
N  T  S  V  G  G  X  S  D  Y  N  L  K  T  B
O  O  H  F  E  N  A  Z  C  I  L  Z  O  R  L
W  K  T  V  N  D  M  E  K  E  H  V  Ć  B  I
N  I  G  G  N  S  M  S  S  Z  N  N  A  G  K
I  Y  G  N  I  U  D  E  R  Z  E  N  I  E  A
E  N  A  W  E  T  B  A  T  W  R  M  W  T  C
P  O  P  R  O  S  I  Ć  G  I  K  L  A  R  J
T  A  K  S  Ó  W  K  I  F  R  H  I  B  A  A
Ś  L  U  B  Y  M  L  K  W  N  E  I  O  W  Z
N  A  W  O  L  N  Y  N  K  X  T  S  Z  A  Q
A  L  F  N  Y  M  R  Ó  Z  S  Y  M  T  W  N
I  Y  G  T  G  V  P  O  D  A  T  K  O  W  Ą
```

HITEM	BIOLOGIA
WOLNY	PONOWNIE
PODATKOWĄ	OBAWIAĆ
UDERZENIE	INNEGO
AGREST	PUBLIKACJA
MRÓZ	POPROSIĆ
ZATOKI	TRAWA
ROZLICZANE	NAWET
ŚLUB	TAKSÓWKI
MYSZ	TRENER

Puzzle 56

```
R  S  W  S  T  R  Z  Ą  S  S  N  K  S  M  L
S  Y  P  I  A  L  N  I  A  S  I  A  D  W  O
J  S  Y  G  N  F  D  H  E  O  K  T  X  M  G
N  A  X  L  S  U  L  B  G  X  O  E  Y  N  E
A  K  Z  C  A  N  I  P  S  W  M  G  S  O  Z
B  L  Y  D  O  K  O  R  K  Y  U  O  P  K  C
T  E  Ł  T  A  E  V  U  W  K  E  R  O  M  A
R  M  Ó  U  G  I  A  G  G  K  F  I  Z  I  L
N  Ć  I  N  O  W  Z  D  A  Z  U  I  Y  Y  D
A  Y  C  I  N  D  A  S  O  C  N  S  C  T  G
Z  D  Ś  M  X  A  K  L  G  E  K  Y  J  F  W
E  W  O  I  N  P  O  T  S  M  C  G  A  S  I
L  G  K  M  S  O  Z  J  C  S  J  R  G  Y  E
M  R  O  P  U  C  H  A  M  L  I  V  Z  N  K
```

SYPIALNIA
MECZ
ROPUCHA
WSPINACZKA
FUNKCJI
DLACZEGO
STOPNIOWE
WSTRZĄS
KROKODYL
POZYCJA

MINUT
DOM
OSADNICY
KATEGORII
WIEK
JAZDA
NIKOMU
ZADZWONIĆ
KOŚCIÓŁ
AMOREK

Puzzle 57

```
W  G  B  R  O  Z  W  Ó  J  I  E  T  I  F  Y
Y  O  Ł  Ę  W  A  K  U  A  C  J  A  I  T  I
S  T  Ę  W  A  T  J  S  I  X  R  P  G  U  D
I  O  D  I  R  Y  E  R  Ó  W  N  A  Q  K  V
Ł  W  U  N  T  W  N  Z  A  M  R  A  Ż  A  Ć
E  A  T  E  Y  O  Z  I  C  Y  V  N  X  S  P
K  Ć  W  L  K  I  C  S  Z  T  N  H  G  T  R
M  L  K  Q  U  L  I  C  O  D  C  I  E  Ń  Z
B  E  M  Q  Ł  I  M  B  Q  O  O  W  Z  P  Y
G  Q  H  L  T  L  O  K  S  P  K  R  O  B  J
A  K  T  U  A  L  N  O  Ś  C  I  Y  U  V  A
I  F  L  B  V  M  O  N  W  A  D  E  I  N  Z
M  O  L  F  E  P  K  E  D  A  I  Z  D  R  D
C  L  Y  E  S  L  E  N  J  I  G  I  L  E  R
```

ZAMRAŻAĆ	AKTUALNOŚCI
EWAKUACJA	GOTOWAĆ
NIEDAWNO	POD
DZIADEK	RÓWNA
LILIOWY	TYM
ROZWÓJ	URODZINY
EKONOMICZNEJ	RELIGIJNE
ODCIEŃ	PRZYJAZD
BŁĘDU	ARTYKUŁ
WYSIŁEK	LENIWE

Puzzle 58

```
B E Z P I E C Z N Y L L U K K
S Ę D Z I A P O B O H J S W A
M N I F W K E O T Y N I Ł Q L
Z A P E W N I Ć S W M O Y G M
N Z F I K F N I E T Ó S S W A
I Ł L C O Q E W P E Ę R Z R R
C A G Ś M O I A B H M P A O Y
T P U I P Ć N R K M N G Ł Z F
I A A B U E Ś P W P Ł Y W U L
Ż Ć S O T Ż A O F S O T C M I
N Y X S E E J P H Y F F X I P
V L W O R L Y B O S O A K E P
W X D Y C A W S P O S Ó B Ć E
Q V X U S Z C Z E L K A F W R
```

KALMARY　　　　　USŁYSZAŁ
SPOSÓB　　　　　　SĘDZIA
OSOBY　　　　　　　WYJAŚNIENIE
ZALEŻEĆ　　　　　ROZUMIEĆ
BEZPIECZNY　　　OTWÓR
POPRAWIĆ　　　　POSTĘP
OSOBIŚCIE　　　　FLIPPER
ZŁAPAĆ　　　　　　ZAPEWNIĆ
ŻYWY　　　　　　　USZCZELKA
WPŁYW　　　　　　KOMPUTER

Puzzle 59

```
W W A G R S Y Z E C O K Q B W
D R I N K Y J A I T R A P R Ł
D X N L X S I M N T A N Q O O
G Ź I J K T P Ó E P B R K N S
Ź X W F U E G W L L W E E I Y
D R Ś I V M D I O I A T U Ć N
X J E H Ę U N E K H X S F L K
L V J N F K Q N Z V P A C Y Ę
J G O V I G U I S S B P O A I
Y R M L N C G A K N P N Ś U P
D W N O K T Ą Z C A K E V C Y
L F E D P O W Y W I A D L Z D
T E M P E R A T U R A L V X U
A K T Y W N Y X G H B Z U Y W
```

PIĘKNY
BRONIĆ
ŹRENICĄ
SYSTEMU
BAR
COŚ
PARTIA
HEJ
SZKOLENIE
DRINK

ŚWINIA
WYWIAD
KACZĄTKO
AKTYWNY
PASTERNAK
TEMPERATURA
ZAMÓWIENIA
DŹWIĘKU
LEPSZE
WŁOSY

Puzzle 60

```
N W M V R Y S S D M K M L P K
I E E A V I S U I C R N I O A
E W T L S K B G V T A K I D L
S N O V W K E E U M W A X Ł K
P Ą R T G U A R K G Y B V O U
O T W P A R K U N I Z F L G L
D R O F Q D Q J E N R Y F A A
Z Z P L T T M Ą U Ą K A K U T
I O U R N O C Ą J U B Ó R P O
A Z U Y W I L T O K S Y Ł B R
N S P O K O J N Y Y U Y R L A
K N T Ń Z N I S Z C Z E N I E
A B L O K A D A E U O S T R Y
B Y R K N O L B C K V H L Q X
```

ZNISZCZENIE
PRÓBUJĄC
TAKI
OSTRY
NIESPODZIANKA
KALKULATORA
GINĄ
SPOKOJNY
POWROTEM
KUCYK

WEWNĄTRZ
KOŃ
BLOKADA
NOC
BŁYSKOTLIWY
SUGERUJĄ
MASKA
PARK
KRZYWA
PODŁOGA

Puzzle 61

```
I  K  E  B  U  K  E  L  W  W  P  B  F  Ś  L
K  M  L  O  T  O  A  K  Y  T  O  M  R  N  U
P  M  B  I  N  N  U  X  S  N  D  D  X  I  D
Ł  E  F  I  E  Y  K  F  Y  T  Ś  V  T  E  Z
S  N  M  H  R  N  Q  I  Ł  E  W  U  E  Ż  I
Y  T  J  C  V  O  T  X  A  R  I  N  C  K  E
M  S  R  M  M  C  Z  A  N  M  E  A  H  A  F
E  Y  Z  C  S  Ó  L  I  I  I  T  R  N  U  X
Z  Z  Ą  U  M  R  N  N  A  C  L  R  O  E  J
R  R  D  U  Z  W  V  Ś  J  Z  A  A  L  X  B
P  O  Z  A  Y  D  E  I  K  N  J  T  O  Y  S
M  K  Z  Q  K  O  U  W  P  E  Ą  O  G  B  U
W  I  D  Z  I  A  Ł  K  L  W  C  R  I  R  Z
U  P  R  Z  E  J  M  Y  A  O  Y  O  A  V  V
```

KIEDY   RZĄD
MOTYKA   WIDZIAŁ
PRZEMYSŁ   LUDZIE
TERMICZNE   ŚNIEŻKA
WIŚNIA   ODWRÓCONY
KUBEK   PODŚWIETLAJĄCY
KLIENTA   KORZYSTNE
WYSYŁANIA   UPRZEJMY
POZA   NARRATOR
IMBIR   TECHNOLOGIA

Puzzle 62

```
Q T Z N M K U C H N I A A R Z
W R Y L W Y J Ą T E K I R V N
Y D T C P A R Y T U D Z B M E
P Z K G H C A L O R O D U R U
C C E N T R A L N Y T Ę Z O N
P I F A U Q S L N Y B V Z F
I E E T J W Ę O A W K A C K S
Z N R P B W I L I A O Ł M Ł U
W S N S Ł Y M J O B W N O A K
J A Q J O A G Z Z A Y C Y D C
S J W F Y N L E I Z D D O A E
B A M A I N E I N Ś I C D Ć S
B E B P T S M L D S O Y I Q N
P O S T Ę P O W A N I A W H W
```

POSTĘPOWANIA
KUCHNIA
EFEKT
PERSONEL
ARBUZ
PARY
WYJĄTEK
ODDZIELNY
ŁABĘDZIA
TYCH

CIŚNIENIA
JASNE
DOTYKOWY
CENTRALNY
CIEPŁA
ZABAWNY
ROZKŁADAĆ
MIĘSA
ROLACH
SUKCES

Puzzle 63

B	Ł	L	Ź	D	E	I	W	O	P	D	O	G	Z	Y
N	A	N	A	J	E	I	Z	D	A	N	F	U	B	N
T	T	B	L	G	Y	P	K	N	Q	V	E	H	K	O
D	S	L	C	R	D	P	R	A	D	Ó	H	C	A	Z
L	O	E	P	I	R	I	E	Y	N	W	A	R	P	S
G	D	W	J	P	A	A	T	N	M	E	H	K	J	A
K	F	M	E	E	W	N	P	D	W	O	T	S	Z	R
E	O	I	C	A	T	I	O	U	Y	X	W	T	K	T
L	J	L	N	C	O	N	K	L	K	Z	M	A	V	S
A	E	N	E	Z	K	I	I	H	R	O	A	R	Ć	E
M	B	K	G	J	Q	E	L	C	Y	V	E	D	X	Z
P	M	A	W	F	N	B	E	S	Ć	M	Q	A	L	R
A	Ł	Ó	Ż	K	U	Y	H	O	K	Y	D	W	O	P
K	G	E	S	Z	Y	B	K	O	Ś	Ć	X	K	J	G

ZACHÓD	SZYBKOŚĆ
TWARDY	NADZIEJA
BABCIA	KOT
PIANINIE	HELIKOPTER
DEPRYMOWAĆ	PRZESTRASZONY
DOSTAŁ	LAMPA
SCHLUDNY	ŁÓŻKU
KWADRAT	PRAWNY
ODPOWIEDŹ	WYKRYĆ
DAR	KOLEJNY

Puzzle 64

```
V L K C Z A W S Z E N S R V N
F V Q Y N I Z D O R B I M D K
U X L T D Ł U G O D N O I C G
S S T A Ł A T S E G G S E F S
Q L D T H Q W T E L O T S I P
P Ł Y N N E G O N X X R Z I C
O D B I O R U Y D T P Y A U Z
C H Ł O P I E C Ę B O Z Ć S Ł
K R Ó T K I E U B U W O H B O
F O R M A C I E Z X Ó K N G N
V K O D D R O K E R D S Y N E
S F G L Q V P K I M T N O W K
A D F T I E J E N A Z Ą I W S
I M P O R T O W E J A Y K R Z
```

KRÓTKIE
PISTOLET
ODBIORU
IMPORTOWEJ
ZAWSZE
WIĄZANEJ
CHŁOPIEC
MIESZAĆ
DŁUGO
CZŁONEK

POWÓD
SYN
FORMACIE
REKORD
SIOSTRY
CYTAT
RODZINY
STAŁA
NIEZBĘDNE
PŁYNNEGO

Puzzle 65

```
R T E L L W I E L B Ł Ą D O S
B S F G Y N D O Ł H C F V D Ł
W A W L N R K O C G L X E L O
Q I Ć C N C O S O N E D G E D
G N E A I L N T K K X H T G Y
Ł Y Z R W E T A Q R O L X Ł C
Ó T R E N D R R F A Z Ł E O Z
W S T D B Y O Y L P Y Y A Ś E
N U O C X V L C H Z Y O K C N
Y P D R V I A H M E X B K I L
A G G Ł Ę B O K I M I Z L R A
L A T A W C A R U M H C F A D
Z I D E N T Y F I K O W A Ć A
S C E N A R I U S Z U X D F J
```

CHMURA	WINNY
DOTRZEĆ	GŁĘBOKIM
JADALNE	LATAWCA
WIERNY	KRZYK
GŁÓWNY	SCENARIUSZ
PUSTYNIA	KONTROLA
WIELBŁĄD	SŁODYCZE
TELL	ZIDENTYFIKOWAĆ
CHŁODNY	DOOKOŁA
ODLEGŁOŚCI	STARYCH

Puzzle 66

```
Z O B O W I Ą Z A N I A B R X
K A V Q N U R O I F A L A K I
K E N J V X W I O Z C A Ł H T
T L I W Q R Q Q V R N N W V U
G I Z W Q T H W L A N O A F C
J M D Ł O R X B Q H O S N V W
G Y O W O Ł Ć Y Z C A B Y W A
R L G Y Y S Z F B U U F E J L
A I S T Ż S I C B K T K I N K
N Ć U F U K O A E U O A H M A
I P C D D E D K O L R D P L B
C R H J E Ć I L O W Z O P S P
A Z Y W O M O T A Ś F I R M A
C D S O P T A L K O Ć V F D K
```

GODZIN
MILE
SUCHY
KALAFIOR
BAŁWAN
DUŻY
CZŁOWIEK
KUCHARZ
WYBACZYĆ
ZOBOWIĄZANIA

NIKT
WALKA
MYLIĆ
POZWOLIĆ
ŁOSIA
FIRMA
WYSOKOŚĆ
AUTOR
GRANICA
ATOMOWY

Puzzle 67

```
Z N U D Z O N Y S M O B Y Q Z
N C P U U S A S O E D G C U E
K Y U C V B R P L D K O K S J
S N S Y L A S X O Y R A C X Ś
Ć A M Y Z R T U W C Y K O H C
N M R E T E W S Y Y C A R V I
M O W Ą S K I T C N I D N J E
W N I B G G Y G H A A E Z C R
P C Y J J Q W Y O S Q M A N E
E A Z J Z E M X W R X I L N W
U M L O K R A W A T D C S J H
A R L U R K I E D Y Ś K T B O
V A T Q C A N A I M Z I Ó Q A
A K C R B H J B Y P W E P V Z
```

SOLOWYCH
STÓP
ZNUDZONY
KIEDYŚ
SWETER
ZEJŚCIE
WĄSKI
PALUCH
KRAWAT
ODKRYCIA

CYNAMON
ROCK
UTRZYMAĆ
AKADEMICKIE
KARMA
ZMIANA
DROGIE
MEDYCYNA
SKOK
WCZORAJ

Puzzle 68

```
K P K I S G Ł O Ś N O G L O O
A A H N B W W Z W I D E L E C
T W K Y L O Y D T T Z A C K W
P P F A H L P R R U A K B Ą G
A O F C O N R A E T L W A J Ś
D C M B Z O A B L A E Y K E L
J U W A O Ś W P A J T K T Z E
Z N F T L Ć A C Y I Y A S I D
M U W A U O T A Q J N Z O O Z
Y A U B C F W H J J D A N R I
H M E E I N Ź A R Y W Ć D O Ć
H L N D A X T E Ć F H Z E A X
Z D A R Z E N I E V A L J J B
M A L A R S K I C H U J N G E
```

MALARSKICH
JEZIORO
ZDARZENIE
ZALETY
ŚLEDZIĆ
WIDELEC
BADANIA
DEBATA
POMALOWAĆ
WOLNOŚĆ

BARDZO
ALERT
KAKAO
GŁOŚNO
GĄBKA
TUTAJ
WYRAŹNIE
JEDNOSTKA
WYKAZAĆ
WYPRAWA

Puzzle 69

```
B  E  Z  P  I  E  C  Z  N  I  E  F  D  W  P
W  M  H  Z  V  A  B  K  E  D  Ą  Ł  O  Ż  O
R  I  S  Ć  V  R  N  C  K  E  Y  Z  L  C  M
K  I  E  A  P  I  Ą  T  E  K  F  D  N  C  A
L  F  Y  W  I  Z  D  W  A  R  P  R  A  A  G
F  A  N  O  I  O  K  Ł  A  D  P  O  H  M  A
O  R  D  D  Y  Ó  B  B  E  J  Z  W  T  B  Ć
R  G  A  Y  N  J  R  A  H  N  O  I  L  I  M
M  O  V  C  L  D  K  K  S  G  W  A  O  W  N
A  E  Y  E  M  I  H  S  A  E  T  Ó  V  Q  F
F  G  X  D  O  K  T  Y  W  Y  B  S  Ł  R  I
X  D  Q  Z  J  V  Q  Z  M  P  A  A  X  G  C
O  B  W  Ó  D  K  R  O  W  Y  R  G  L  U  W
O  O  C  Z  Y  W  I  Ś  C  I  E  M  P  L  D
```

PIĄTEK	POMAGAĆ
PRAWDZIWY	BEZPIECZNIE
GEOGRAFII	ZDROWIA
ZDECYDOWAĆ	FORMA
MILION	OBWÓD
GŁÓWNE	OKŁAD
DOLNA	BASEBALL
ZYSK	OCZYWIŚCIE
VOLT	ŻOŁĄDEK
KROWY	WIEWIÓRKA

Puzzle 70

```
I  C  P  J  P  R  Ó  Ż  N  E  A  O  H  P  W
B  X  O  Q  D  R  S  T  A  D  O  F  Y  F  K
C  A  Ł  Z  S  Y  Z  R  P  O  P  I  N  A  T
A  J  U  R  A  Y  J  E  Q  C  I  C  A  J  R
Ć  A  D  A  Ł  K  A  Z  P  Z  Ę  E  Ł  E  O
W  R  N  C  A  V  D  Y  B  R  Ć  R  S  N  Z
S  K  I  E  I  K  V  F  D  U  A  L  Y  Ż  K
Z  M  O  J  C  L  F  Q  H  A  R  S  W  E  W
Ę  I  W  O  D  R  Z  U  C  I  S  Z  Z  L  I
D  T  Y  D  A  R  T  S  O  T  U  A  R  A  T
Z  I  Z  A  M  I  E  R  Z  A  J  Ą  W  Z  M
I  R  E  G  U  L  A  C  J  A  M  D  Y  E  A
E  R  E  M  C  J  Z  O  X  I  N  S  R  I  C
Z  A  A  N  G  A  Ż  O  W  A  N  I  A  N  K
```

ZAMIERZAJĄ	REGULACJA
NIEZALEŻNEJ	RÓŻNE
ZAANGAŻOWANIA	PIĘĆ
WSZĘDZIE	ROZKWIT
TANI	AUTOSTRADY
WYSŁANY	STADO
OFICER	ZAKŁADAĆ
PRZYSZŁA	ODRZUCISZ
KRAJ	PRZEPRASZAM
CIAŁA	POŁUDNIOWY

Puzzle 71

```
B C C K F S K S I Ę Ż Y C A H
D Ę Z Z O N A J W I Ę K S Z A
O Z D Y W N R N B W V S S T N
S I O Z N S F L G G D M E E Y
T L G K I S J E W Y Ż A N M R
Ę U R W J E Z I R Q O Ł N P T
P S A I E M O C L E F Ę Y O Y
N T N A S I B Ś O C N Z P N C
E R I T Z W B A S Ą Z C E Z R
H O C Y C X B N O J C O J G C
Y W Z I Z D R A W F E P C A U
P A O K E X W W O O Q Z N L L
Q Ć N J U T Y D E R M O Z Y T
C Z E F V N M A P A U R R C D
```

MAPA
CZYNSZ
KWIATY
KONFERENCJA
JESZCZE
SENNY
TEMPO
LOSOWO
NAJWIĘKSZA
OGRANICZONE

KSIĘŻYCA
ŻYWE
BĘDZIE
DOSTĘPNE
CYTRYNA
ZILUSTROWAĆ
EDYTUJ
RZECZĄ
DWANAŚCIE
ROZPOCZĘŁA

Puzzle 72

```
O  G  L  Ą  D  A  N  I  A  R  Z  R  I  Y  Z
N  A  S  T  Ę  P  N  I  E  G  J  Ę  Z  F  A
P  C  P  O  D  S  T  A  W  O  W  Y  B  H  G
M  I  S  K  A  I  Z  D  Ę  Z  R  A  N  Y  U
O  N  U  E  Ł  N  A  P  I  Ę  T  A  U  P  B
X  Z  A  N  A  W  Y  M  A  R  Ł  Y  Z  R  I
K  S  O  Y  M  K  O  J  U  X  H  A  Y  O  O
S  Y  X  Z  C  O  R  F  D  N  Y  N  S  B  N
Z  R  M  C  G  U  Y  Y  E  K  U  W  K  L  Y
P  P  V  O  H  V  C  T  T  R  S  O  A  E  N
I  S  N  P  J  K  P  S  Z  Y  T  U  N  M  N
T  N  S  D  U  T  R  A  T  Y  K  A  I  E  E
A  T  O  O  W  N  I  O  S  E  K  A  E  M  T
L  W  S  P  Ó  Ł  P  R  A  C  O  W  A  Ć  V
```

KRYTYKA   WSPÓŁPRACOWAĆ
SZPITAL   MISKA
UZYSKANIE   ZĘBY
PROBLEMEM   WYMARŁY
MAŁA   ODPOCZYNEK
WNIOSEK   PRYSZNIC
OFERTA   OGLĄDANIA
UTRATY   PODSTAWOWY
ZAGUBIONY   NAPIĘTA
NASTĘPNIE   NARZĘDZIA

Puzzle 73

```
R  B  A  W  E  Ł  N  A  H  P  B  K  W  N  M
C  E  O  M  X  C  T  J  O  O  M  R  A  E  O
A  F  K  A  Ł  K  Z  S  N  N  I  A  Y  B  N
Ł  I  E  R  Q  D  N  P  O  I  Q  J  T  R  E
K  O  J  G  E  R  I  M  R  Ż  N  O  B  T  T
O  L  U  O  M  A  H  T  O  E  V  W  P  Z  Y
W  E  W  N  P  J  C  X  W  J  F  Y  H  Q  J
I  T  I  O  O  C  M  Y  O  K  O  C  I  A  K
T  O  D  M  M  A  L  M  J  Z  E  S  T  A  W
Y  W  B  R  I  L  R  D  P  N  O  T  E  F  D
U  Y  T  A  A  E  N  Ó  P  B  Y  D  Ż  A  K
S  J  O  H  R  R  B  I  I  A  V  J  G  B  T
F  E  I  K  D  O  Ł  S  Ł  P  J  A  V  I  M
W  Y  G  R  Y  W  A  J  Ę  E  G  E  Q  F  P
```

CAŁKOWITY
RELACJA
SIÓDMY
MONETY
FIOLETOWY
WYGRYWAJ
HONOROWO
ZESTAW
HARMONOGRAM
BAWEŁNA

KAŻDY
PIŁĘ
PONIŻEJ
WUJEK
SŁODKIE
REKREACYJNY
SZKŁA
POMIAR
KRAJOWY
KOCIAK

Puzzle 74

```
M S M E V Y P L I R W T S G S
O F P Z V K W E O T Z M T A K
T N I R K P H W R G R A A T L
O A Z N A O U E Ę O R W U E
C R D D A W N J G S S K K N P
Y O O R Ł N D C A T Ł E A E U
K D L C A P S Z E Y A R I K G
L Z N W I M B O O N K A R T A
K I O E C M K W W N T Z Z D W
Y N Ś F H G V B P Y E R W Y D
C Y Ć H C O B L I C Z P A H C
B I E D R O N K A S V H H T Q
U Z W I E R Z A K I D T J G U
C V G R Ę C Z N Y C H Y Q X M
```

SKLEPU
MOTOCYKL
STAWKA
MARKER
FINANSOWY
OBLICZ
NARODZINY
SPRAWDZONE
CHCIAŁA
KONCENTRATU

BIEDRONKA
LEWEJ
GATUNEK
KARTA
ZWIERZAKI
ZDOLNOŚĆ
RĘCZNYCH
CYKL
WZROSŁA
GĘSTY

Puzzle 75

```
P S K R E W P J K X X E O O P
R Z O O G A I E J D H B D G O
Z C M Z C R Ł N I T M Y R Ł K
Y Z I C O T K D B B D T Z O O
P E N Z G O A Ę G P E Y U S N
U G K A R Ś T L Y V F I Ć O F
S Ó U R O Ć W G D Q N J S W L
Z L N O M O I Z O P R G Q E I
C N A W N M V W L O T U R D K
Z I C A Y B G Z V Q P Ż T O T
E E I N I N W E Y Z W Y A R F
N W S A U Y M B P L E C I Y J
I I K A N I S U D T P I W X K
E C Ż Ą I S K H D L H E R N N
```

DUMNY
GŁOSOWE
ODRZUĆ
ROZCZAROWANA
KSIĄŻCE
WIATR
DRUT
BEZWZGLĘDNEJ
NACISK
ANI

KONFLIKT
SIEBIE
UŻYCIE
POZIOM
KOMINKU
OGROMNY
PIŁKA
PRZYPUSZCZENIE
WARTOŚĆ
SZCZEGÓLNIE

Puzzle 76

```
L  V  H  W  S  P  Y  L  B  T  Y  Q  U  S  A
Y  M  V  A  K  R  A  Ł  U  G  E  R  Z  U  N
N  Z  T  R  A  Z  J  D  R  F  Q  J  O  S  I
T  N  Q  G  R  Y  C  I  N  E  Z  S  P  Z  E
U  J  F  A  P  N  A  F  D  P  N  X  D  O  T
M  A  E  O  E  I  L  J  M  V  C  T  W  N  O
S  Ę  J  U  T  E  U  D  G  B  P  M  L  E  P
U  K  Ż  K  Y  Ś  P  A  P  Y  W  O  M  B  E
K  A  A  C  C  Ć  O  L  K  O  S  W  H  Q  R
I  W  P  E  Z  U  P  E  F  V  D  P  I  D  Z
E  A  X  I  W  Y  K  J  M  R  L  C  P  G  H
N  Ł  P  Z  D  Ó  Z  R  P  A  N  M  Z  U  Z
K  E  I  D  L  B  W  N  U  Ż  B  I  K  A  U
A  K  G  U  M  K  I  H  A  I  D  U  T  S  S
```

MĘŻCZYZNA	SKARPETY
PODCZAS	REGUŁA
ŻBIK	POPULACJA
GUMKI	WARGA
PSZENICY	NIETOPERZ
STUDIA	SUSZONE
KAWAŁEK	CUKRU
SUKIENKA	NAPRZÓD
SMUTNY	DALEJ
PRZYNIEŚĆ	DZIECKU

Puzzle 77

```
N O B Y H Ć A H C U Ł S B G X
I I Y Z S Ó E C B T Y O A G I
S K E D O R K W M Y I J Ż R P
N K J B O W G D W P K S A O R
Z A H Z E Y N L Ó G O U N C O
R J Ś B Y Z R G N F L V T H S
F T S L W R P H W B B L A O T
Q O E N A P E I S E T O N W E
Z S N L Q D V K E W Ó Ł O A J
O S Q T F B O E S C M Ó W I Ć
K A B D A A P W E U Z J U R Y
C L N O S N D X A Y E N F I V
S Z E M I X N X B Ć P X Y G J
M C Ą J A I W A T S O Z O P L
```

NAŚLADOWAĆ   BAŻANTA
FONTANNA   POZOSTAWIAJĄC
SZYI   NOS
GRZYB   OGÓLNY
NIEBEZPIECZNY   BLOKI
MÓWIĆ   TYP
OŁÓWEK   LASSO
PROSTEJ   NOTESIE
GROCHOWA   PRZYWRÓĆ
SŁUCHAĆ   JURY

Puzzle 78

```
S Z U K A Q V G F X Z S S P O
P R A G N I E N I A D A P R T
Y U M Z P R S W P K R Ł R Z U
I M P R E Z Y M Q D W A Ó E C
R N H J X H I N D Y K T B C Z
K A T A R A P A A G N A N H E
R P K S O P N I Ł K T S Y W S
O Ę U Z W G Z B W Y T Ą C Y T
K D C C L H E C T V Ż D I T N
U O H Z O T M I S J A K Y U I
H W E U J B N S G O D F A J K
D E N R I G T O L O M A S Ą R
U G K K X F J H E F R S S C Q
Z N A I K D O Ł S Y J D J Y W
```

NAPĘDOWE	AKT
SŁODKI	MISJA
ŁYŻKA	APARAT
PRZECHWYTUJĄCY	SAMOLOT
INDYK	JASZCZURKI
PRAGNIENIA	SZUKA
KROKU	SĄD
IMPREZY	SAŁATA
UCZESTNIK	PRÓBNY
DROGIEGO	KUCHENKA

Puzzle 79

```
S  K  J  B  Ł  O  T  N  I  S  T  Y  A  Ć  U
W  Z  Ł  E  W  R  Ó  G  Ś  L  I  W  K  A  Ś
O  Y  A  A  S  Q  W  H  I  R  C  T  W  Z  P
J  U  N  M  M  I  O  L  K  O  Ś  E  I  D  I
S  O  E  S  P  S  E  X  H  Z  O  O  Z  A  E
K  Ć  C  H  Z  O  T  Ń  U  P  K  Y  F  K  N
O  E  S  A  G  X  N  W  O  O  A  Q  Q  Z  I
K  I  E  R  U  N  E  K  O  Z  J  D  S  S  A
H  Z  I  X  U  Ć  Y  Ż  O  N  M  O  P  E  E
P  D  N  W  G  A  E  F  N  A  J  D  J  Z  P
Y  E  D  S  K  Y  B  F  X  J  P  H  C  R  T
P  I  A  R  Z  E  C  Z  O  W  N  I  K  P  Q
J  S  Ł  T  R  O  P  I  K  A  L  N  Y  C  H
N  I  E  Z  A  W  O  D  N  Y  U  D  F  Q  W
```

KIERUNEK
SCENA
WOJSKO
UŚPIENIA
SIEDZIEĆ
ROZPOZNAJ
ŚLIWKA
ŁADNIE
JESIEŃ
BŁOTNISTY

SZAMPON
JAKOŚCI
POMNOŻYĆ
NIEZAWODNY
RZECZOWNIK
KŁAMSTWO
TROPIKALNYCH
ZOO
WRÓG
PRZESZKADZAĆ

Puzzle 80

```
W O L Ę T O F V O P U Y M M S
B Ę B N A R C A G G T S D U T
U T O L O M A S Y V U A W W R
M L A J H T C N Z O B L K D U
X I N E K T A R S F H K V Y K
N F I M R O O K R P B D G N T
C S F D D I U O A D O D E L U
L E L V S M E B T R T R T A R
K O E H A A L I S T O A T W Y
T L D J M N O E T V Ł Y K U R
P P A J D I U T Ć U Z R I Z E
E X Q S E Z R A S I P P H C T
K X Y M Ę E J C E U R E F D Z
V C Z A R O W N I C Ę B K O C
```

KOBIETA
DELFIN
BĘBNA
ZŁOTO
KLASĘ
KLASY
TRANSPORTU
NEKTAR
CZTERY
PTAK

CZAROWNICĘ
RZUĆ
ODCZUWALNY
STARSZY
SAMOLOTU
SAM
WOLĘ
STRUKTURY
NAMIOT
PISARZ

Puzzle 81

```
P  E  L  A  Z  O  Q  E  I  C  Y  B  Z  S  N
V  I  T  O  I  D  P  B  R  J  W  N  I  Q  I
E  K  E  I  M  T  S  I  I  V  A  H  J  O  E
Q  S  A  C  O  S  L  Z  S  M  L  Z  R  A  R
W  R  Ć  A  W  O  R  E  L  O  T  L  D  F  U
U  O  V  S  Y  J  E  D  N  A  K  K  O  Y  C
J  M  R  O  T  Z  S  D  Y  M  R  R  R  F  H
B  E  C  B  E  P  O  S  I  A  D  A  J  Ą  O
S  L  D  F  L  L  M  E  I  K  R  U  I  B  M
A  B  X  N  W  E  B  J  R  T  O  O  F  D  O
I  Ó  O  R  A  E  K  W  R  A  X  K  K  N  Ś
A  R  I  T  E  Q  S  J  O  L  Y  R  H  H  Ć
Y  W  O  R  O  L  O  K  G  K  A  F  Z  Y  P
W  Y  N  A  G  R  O  D  Z  E  N  I  A  B  S
```

WYNAGRODZENIA	DYM
NIERUCHOMOŚĆ	KOLOROWY
FOOT	JEDNAK
SZTORM	JAZDY
JEDNA	WRÓBLE
POSIADAJĄ	MORSKIE
BIURKIEM	ZIMOWY
ALE	TOLEROWAĆ
PIEC	IRIS
BYCIE	KLATKA

Puzzle 82

```
O P O W I E D Z M Y E V I T F
A B E L G B B Q Z H O L W N N
P A I N E Z C E I P Z E B A Z
N A S E R N C V L X M L Q S O
W K R I T K U U C A N E C Z B
Y T U O L N O I K S I N   C R
C O W R W N I G Z P E K F Z O
Z K V P V Y I C M A J N G Ę Ń
Y N A D A J Ą K Ę L S X P Ś O
N O S K A R Ż A Ć I Z U U C W
K A N A P K O W Y Ć Y S G I Q
Z D O L N E G O G P C B H E J
O B S Ł U G I W A Ć H R E V H
G N F T S U N O S O R O Ż E C
```

ZABEZPIECZENIA
ZDOLNEGO
KOTKA
GLEBA
SZCZĘŚCIE
OBIETNICĘ
NADAJĄ
KANAPKOWY
NISKI
BROŃ

WYCZYN
NOSOROŻEC
OSKARŻAĆ
SILNIK
CENA
OBSŁUGIWAĆ
SPALIĆ
MNIEJSZYCH
POWIEDZMY
PAROWY

Puzzle 83

```
R  U  Ł  P  R  Z  E  B  I  Ś  N  I  E  G  I
A  L  A  B  C  Y  N  L  A  R  E  D  E  F  F
Z  Ć  I  L  D  E  I  C  R  E  I  W  Z  D  O
V  A  M  U  D  S  G  W  T  C  Z  Ę  S  T  E
F  I  Z  G  B  R  J  I  Y  T  E  I  K  A  M
P  N  R  G  U  Ó  X  V  S  U  F  X  H  L  X
R  E  A  O  J  Z  S  H  T  L  A  U  F  K  U
Z  L  W  T  S  W  D  T  A  K  I  N  L  O  R
E  Y  F  N  H  Y  T  Y  W  L  F  V  A  D  G
C  H  W  R  O  P  K  X  T  O  K  Ą  J  A  P
Z  C  T  A  O  Ś  N  T  Q  I  U  P  J  Ć  Y
Y  A  K  F  R  F  Ć  A  Z  O  B  Y  Ł  Y  X
N  N  Q  R  O  T  P  O  S  Ł  U  S  Z  N  Y
O  B  E  C  N  Y  O  W  M  Z  V  F  B  A  I
```

WZÓR	DAĆ
PAJĄK	OBECNY
MIAŁ	ARTYSTA
POSŁUSZNY	RAZ
ODZWIERCIEDLIĆ	WARTO
MAKIETY	UBÓSTWO
NACHYLENIA	CZĘSTE
BYŁY	PEWNOŚĆ
PRZEBIŚNIEGI	FEDERALNY
ROLNIKA	RZECZY

Puzzle 84

```
M O W N K P T F C V K Q N B U
K S S O A J L U M J O E A U S
U I T W Ż H Q N K Q M M Z T T
L Ą A O D X C D Y Ć P K W E E
T G W C E M L U N N A F I L R
U N R Z M N U S T H K T J K E
R Ą H E U U K Z A N T O S Ę K
O Ć D S E M V Q K X O D J Z P
W I R N P F Ż E I N W Ó R L A
E C I E J L S H L Ć Y Ż Ą R K
R O Z D Z I A Ł E P R A W O Q
I S T A W K A W D Q G F P B J
N A P R Z E C I W K O I U U C
E L E K T R Y C Z N Y H M Z Z
```

STAW	GRY
STAĆ	PRAWO
FUNDUSZ	KOMPAKTOWY
NAPRZECIWKO	RÓWNIEŻ
ROZDZIAŁ	NOWOCZESNE
ZUPA	KULTUROWE
USTEREK	BUTELKĘ
DELIKATNY	KRĄŻYĆ
ELEKTRYCZNY	NAZWIJ
KAŻDEMU	OSIĄGNĄĆ

Puzzle 85

```
F  K  P  Z  F  M  N  Y  H  E  I  F  G  V  P
U  O  R  G  A  P  O  R  U  X  B  K  X  X  T
T  L  Z  S  K  A  L  E  R  K  R  A  B  Z  A
B  E  Y  P  Y  O  Ć  I  C  Ś  O  R  P  U  K
O  K  P  L  T  E  I  N  D  U  Ł  O  P  T  I
L  C  O  Ą  I  Q  I  E  K  Ż  Ó  Ł  W  I  A
F  J  M  T  L  C  R  Ż  J  O  X  W  N  Z  Z
L  A  I  A  O  C  H  O  Q  A  Ł  M  Y  Ł  D
Y  U  N  N  P  H  Y  R  L  H  O  I  A  E
Ł  D  A  Y  K  P  X  G  S  M  L  K  K  M  R
D  C  Z  Ę  J  C  K  A  R  E  T  N  I  A  Z
A  R  S  X  P  S  Y  Z  Y  R  K  B  M  Ł  A
P  O  P  U  L  A  R  N  E  Z  H  K  I  U  J
S  N  Y  R  I  Z  H  C  Y  Y  O  G  L  M  Ą
```

ZAGROŻENIE	POPULARNE
KOLEKCJA	PTAKI
POŁUDNIE	SPADŁY
UPROŚCIĆ	RELAKS
SPLĄTANY	ŻÓŁWIA
PRZYPOMINA	ICH
KRAB	ZDERZAJĄ
KRYZYS	POLITYKA
ZŁAMAŁ	INTERAKCJĘ
KOŁO	FUTBOL

Puzzle 86

```
Q  Z  F  G  S  T  O  K  R  O  T  K  Ę  M  P
A  G  A  N  M  A  T  O  P  O  P  I  H  R  R
W  A  S  D  W  D  R  F  V  Ł  P  Z  E  F  O
Y  S  O  N  V  B  I  Z  A  S  Ł  O  N  Y  D
P  B  L  M  J  K  P  O  Ż  E  O  F  T  T  U
K  U  A  N  O  G  I  O  A  Z  L  X  E  Ł  C
Z  O  S  V  X  Ż  F  D  L  R  E  B  S  Ó  E
A  O  R  T  G  D  E  D  P  K  J  E  P  Ż  N
X  T  V  O  Y  L  B  Z  O  B  R  O  N  Y  C
H  H  N  D  N  N  E  I  F  K  Q  W  Z  L  I
D  M  X  O  G  Y  I  A  Z  A  K  U  P  I  E
G  Ó  R  S  K  I  E  Ł  A  Ś  M  I  A  Ł  W
R  E  P  R  E  Z  E  N  T  O  W  A  Ć  T  C
W  Y  O  B  R  A  Z  I  Ć  Z  D  G  S  Z  P
```

ZASŁONY	WYOBRAZIĆ
OLEJ	KORONY
ODDZIAŁ	REPREZENTOWAĆ
ŻÓŁTY	FASOLA
GÓRSKIE	OBRONY
STOKROTKĘ	KRZESŁO
PRODUCENCI	ZAKUPIE
MOŻE	ŚMIAŁ
HIPOPOTAM	PUSTYNI
TRIP	PLAŻA

Puzzle 87

```
L F O T E L G Y Z P F Y T K Z
P I W B G Z V T Ł K T C W W Y
A A N S O I W S E I C Y Ż B M
N P M I C V S Y P S Z C Z Ó Ł
O O M M Ę T T Z T Q T N M L K
W M L B Z Z O C X N Q L N G I
A O V C E J P O J C Ó I A J E
N C M K O C I R E W B Ż F D R
I N Ą U T M Ć Z M Z I Q J C O
E Y Ł O U N E E K J E I N M W
P R A K T Y C Z N Y D I T D C
Z F C M O G R R R Y N L D K A
K T H H D J H P O P Y S A R P
S Z C Z E N I A K A W Y Ł P W
```

PANOWANIE
SZCZENIAK
POMOCNY
PRZEZROCZYSTY
LINIĘ
WIOSNA
ŻYCIE
PRASY
CAŁĄ
FOTEL

BIEDNY
MNIEJ
PSZCZÓŁ
NÓŻ
PRZEMOC
STOPIĆ
PRAKTYCZNY
KIEROWCA
PŁYWAK
ZŁE

Puzzle 88

```
D  R  O  Ś  W  I  A  D  C  Z  E  N  I  E  N
O  Z  Ł  A  D  N  I  E  J  S  Z  E  E  R  O
B  E  R  M  O  T  Y  W  A  C  J  A  I  I  S
R  C  Z  W  Y  N  I  K  P  U  X  O  W  X  T
O  Z  Ą  P  O  Z  O  S  T  A  W  I  A  C  A
W  Y  D  F  Ć  E  I  P  R  E  I  C  R  A  L
O  W  O  P  Y  P  O  K  Ó  J  X  A  P  L  G
L  I  W  Z  Ż  L  W  A  G  S  W  I  E  E  I
N  Ś  Y  Z  A  R  Z  Ą  D  Z  A  N  I  A  A
E  C  C  D  W  U  Z  A  Z  J  I  L  N  O  Y
G  I  H  O  Z  U  J  R  A  Z  H  E  K  J  R
O  E  A  W  O  Z  C  Z  S  E  D  Z  I  C  O
M  D  Y  C  R  D  E  Q  L  T  E  C  N  Z  C
O  S  Z  A  C  O  W  A  N  I  E  U  Z  E  P
```

ŁADNIEJSZE
OSZACOWANIE
RZECZYWIŚCIE
DESZCZOWA
NOSTALGIA
UCZELNIA
POKÓJ
ZARZĄDZANIA
CALE
MOTYWACJA

CIERPIEĆ
ROZWAŻYĆ
WYNIK
ZNIKNIE
DOBROWOLNEGO
RZĄDOWYCH
PRAWIE
OJCZE
POZOSTAWIA
OŚWIADCZENIE

Puzzle 89

```
P R V S Z C Z Ę Ś L I W Y M A
C I Ę Ż A R Ó W K A Z W O B P
G C L E I C I C Ś A Ł W I O Z
T N A X Y Ć Z Y Q P S F H L I
P A K J S A B Y T R A N S J K
G K W H E W J A T S A I M A Z
R E T U L I W L S A P T E C R
W T O R E K O T D C N A T S H
F O K Q I E W M O A D I K O E
J I B N G Z O S Y Ł A C E H D
L L Y I Ę C R X H E D R Z E W
F B Z V W O G E N J Y R A W A
T I S Z A W A R T O Ś Ć Ś I L
H B K S I Ę Ż Y C O W Y N S O
```

STAN	WILK
SZCZĘŚLIWY	AWARYJNEGO
KSIĘŻYCOWY	ZAWARTOŚĆ
WĘGIEL	CIĘŻARÓWKA
WŁAŚCICIEL	SZYBKO
CZYTANIE	LIŚĆ
WTOREK	DRZEW
ZAMIAST	OCZEKIWAĆ
BIBLIOTEKA	NARTY
CAŁY	CAŁEJ

Puzzle 90

```
R  P  J  O  S  G  W  B  Y  R  S  P  K  N  T
O  R  E  K  Y  T  U  B  W  Ó  T  J  W  I  O
Z  O  D  Ó  G  W  M  O  M  Ż  R  H  I  E  Y
P  F  E  L  N  C  S  A  B  O  A  L  A  D  N
O  E  N  N  A  D  E  P  F  W  Ż  T  T  Z  A
S  S  A  I  L  M  Z  M  O  Y  A  A  A  I  W
T  J  Ś  K  I  L  C  I  W  M  K  D  Ą  E  O
A  O  C  S  Z  B  K  K  E  W  N  A  J  L  R
R  N  I  Z  O  T  C  L  I  C  M  I  C  A  E
C  A  E  A  W  A  A  E  P  Z  K  N  A  S  P
I  L  B  F  A  T  D  Ś  Ś  T  R  O  T  N  S
E  N  W  A  Ć  P  O  O  M  P  I  M  Y  R  E
D  Y  G  D  F  W  Ł  J  Q  Y  A  E  R  M  D
U  W  E  Ł  A  I  M  Ś  E  I  N  L  I  Q  Z
```

WSPOMNIANE	SZAFA
MŁODA	KWIAT
JEDENAŚCIE	IRYTACJĄ
LEMONIADA	ZDESPEROWANY
PROFESJONALNY	ROZPOSTARCIE
ŚPIEW	RÓŻOWY
BUTY	TAŚMY
NIEDZIELA	DZIECKO
SYGNALIZOWAĆ	NIEŚMIAŁE
STRAŻAK	OKÓLNIK

Puzzle 91

```
P  J  R  Ć  Y  K  P  W  E  J  Ś  C  I  E  J
E  Z  G  W  Z  G  R  A  R  K  U  S  Z  B  X
E  Ł  Ą  I  Y  W  O  Z  A  R  O  N  D  E  J
Ć  A  H  C  A  M  D  A  Ł  K  W  B  F  Z  J
U  M  J  Z  H  Z  U  C  W  E  S  O  Ł  Y  T
O  A  F  E  A  C  K  P  A  C  J  E  N  T  E
Z  N  V  N  M  S  C  K  O  L  O  R  Ó  W  Z
C  I  R  I  W  N  J  A  Z  C  Y  W  Z  J  S
U  E  X  A  I  N  A  S  Ą  Z  R  T  Y  W  S
L  S  H  L  Z  S  P  O  J  R  Z  E  N  I  E
K  I  U  O  S  T  A  T  E  C  Z  N  A  V  V
R  S  A  N  O  R  T  S  B  B  Y  U  T  Y  O
E  O  S  V  Ą  W  I  Ę  Z  I  E  N  I  E  V
L  Y  F  N  S  Ć  N  Z  O  F  J  V  I  I  H
```

PACJENT	PRODUKCJA
KOLORÓW	CHCĄ
MACHAĆ	OSTATECZNA
WIĘZIENIE	KLUCZ
WYTRZĄSANIA	USUNĄĆ
JEDNORAZOWY	WEJŚCIE
ĆWICZENIA	STRONA
WKŁAD	SPOJRZENIE
ARKUSZ	WESOŁY
ZŁAMANIE	ZWYCZAJ

Puzzle 92

```
O K W A R K G K K L O D W N T
K X L G F B L B T O X U A W E
J Q P J P Ć I L Ś Y M Y W G O
Y W I L Ś Ę Z C Z S E I N A R
S Z E R M I E R K A K T T C I
Ą V D S P O W I E T R Z A E A
R W Z R O S T O S H Z C W I T
A Y N Ż O R T S O P B Ó O W N
I K B C Z A J N I K Y R M Ś E
F T J A N G R H H F T P U O M
O J M W C A Z D Ę J Y O P U G
M B Z V B K P U Y C Z X M U A
A N A N A S A P T W T S N T R
V R P O C A Ł U N E K A O H F
```

SZERMIERKA	FRAGMENT
POWIETRZA	ŚWIECA
RYBACKA	WYMYŚLIĆ
OFIARĄ	CZAJNIK
ANANAS	WZROST
TEORIA	NIESZCZĘŚLIWY
OSTROŻNY	KOMITET
OPRÓCZ	ZBYT
WYDRA	JĘDZA
POCAŁUNEK	UMOWA

Puzzle 93

```
B Ć W W Q T L S U D R H H X N
M A M A Y E S H F O R M U Ł Y
K W K M B G N I R P B S J A T
Ą O Q Z O E R H V R I E E K A
P K S C C T P A E O C K D T N
I I W E S E E N Ł S I R W O O
E N Ć I B W T L X Z E E A P Ż
L U A M B P G O Y K J T B S Y
I M N F C N B K Z U N A I Y N
P O W I E S I Ć C C C R S R Y
P K Y Q F Y P T X P Z Z T V A
W O T H U Ś T A W K A S Y X L
D J Z W S P Ó L N A G I H F I
I W S S K Ł A D N I K K U Q G
```

MAMA
MOTEL
JEDWABISTY
SEKRETARZ
BICIE
MIECZ
WSPÓLNA
PROSZKU
SPOTKAŁ
POWIESIĆ

WYGRAŁ
WBIĆ
SKŁADNIK
SZCZOTECZKA
ŻONATY
FORMUŁY
HUŚTAWKA
SZTYWNA
KOMUNIKOWAĆ
KĄPIELI

Puzzle 94

```
K O S I Ą G N I J Z B Y Z N G
E O R C Y D B Z W A E G E S I
K M S Z V X D O E Ź N I Z O G
C E N Z C Y D E M D Z N W D A
V V Y G U H O K E J Y S A A N
M O T Y W L W U U A N Ł L P T
M E B L E D A H Y N A O A O Y
W T G X T M C T O Z J Ń J K C
W Z N O S Z E N I E Z Y Ą N Z
F U N T Ó W G L T K I F N A N
K E T F K W E S B Q W X D S Y
W Y B U C H A J Ą O G T E M U
K G E J X S Y J R G R B C U K
Z G B I K Q K W R B P P T L T
```

PANNA
SŁOŃ
OKNA
WZNOSZENIE
GIGANTYCZNY
PROBLEM
MOTYW
TEMU
WYBUCHAJĄ
FUNTÓW

MEBLE
WIZJA
BENZYNA
KOSZULA
HOKEJ
ZEZWALAJĄ
MEDYCZNE
OSIĄGNIJ
ZNAJDŹ
SODA

Puzzle 95

```
T K A F N A C Z Y N I A K U A
O W I W I K P Ó Ł N O C R Ś U
R P Z S W J Z V P P S N Ó M T
G Z D P Y R R A C Y I O T I O
A S E Ć U E E R W T S Y K E M
N P I Ź L W C S H X G Z A C A
I A W E U Y Y K Z K T I N H T
Z R Ź L D Q R W L C S P K Y Y
A T D A S Z G O P U I Q R F C
C I E N L O I A K V Q E E F Z
J I I Z L Z A A Z Ł O Ż Y Ć N
A P N Y J X K K Ł E Z E I T E
T A J E M N I C A X W F U Z Q
R O Ś L I N N E Ł Y Ż W A C H
```

ZŁOŻYĆ
NACZYNIA
ZNALEŹĆ
ROŚLINNE
SIEDZIAŁ
ŁYŻWACH
PYSZNY
KIWI
AUTOMATYCZNE
ORGANIZACJA

UŚMIECH
PARTII
KRÓTKA
WRESZCIE
TAJEMNICA
NIEDŹWIEDZIA
PÓŁNOC
RYCERZ
FAKT
CARRY

Puzzle 96

```
H M T I J T G N Z A E S A D C
S I R M M W J M O Y L T G O X
A S U Ł O I N A S K I R E L P
M A D F K E N B Y F P A N E Y
E N N G Ę R H N H I T S T U W
M K E Y G D B V Q V Y Z A E O
U I M F C Z W P K T C N K I M
V Y D P G Ą X A Y G Z A T L A
S T R U M I E Ń R P N T Ó T O
Ś C I E Ż K Ę S P P Y A R D B
P N I A R A M T N O A I Y I O
X C C O K T Q A X T H N Z I K
V E Y U R J E R F Z Ł A M A Ć
Q B I U K P G E L V X P F Y X
```

STRASZNA   SAMEMU
DOLE   PNIA
ŚCIEŻKĘ   TRUDNE
KTÓRY   ELIPTYCZNY
STRUMIEŃ   NAPRAWDĘ
TWIERDZĄ   AGENTA
SANKI   TAK
PANI   TOP
ZŁAMAĆ   STARE
ANIOŁ   OBOK

Puzzle 97

```
J  M  O  D  E  S  Z  C  Z  O  W  Y  M  P  K
F  A  Q  S  Q  T  V  Y  H  W  A  F  Q  O  I
M  I  S  T  Z  Y  X  F  V  C  M  E  T  K  N
A  N  M  T  Y  U  X  Q  U  E  U  Q  K  R  O
W  W  P  W  R  S  K  H  E  C  S  T  U  Y  O
O  E  N  A  D  Z  J  A  K  N  A  Z  R  W  V
D  P  I  R  C  D  Ą  E  Ć  U  T  X  T  A  M
O  A  N  D  U  R  B  B  W  S  S  U  S  N  F
H  Z  Q  V  K  G  V  H  D  B  E  Z  N  W  Z
C  N  A  R  K  O  T  Y  K  I  L  B  O  E  I
O  I  N  D  E  R  Ś  W  D  R  E  S  K  P  M
M  A  B  S  O  R  B  U  J  Ą  R  C  B  D  N
A  S  P  O  Ł  E  C  Z  N  O  Ś  Ć  J  K  Y
S  Z  C  Z  E  G  Ó  L  N  O  Ś  C  I  W  F
```

NARKOTYKI	BRUDNA
SUMA	OSZUKAĆ
ZAPEWNIAM	POKRYWA
FARTUCH	SPOŁECZNOŚĆ
SELER	DESZCZOWYM
KINO	ABSORBUJĄ
ŚREDNIO	SAMOCHODOWA
KONSTRUKT	DANE
JASTRZĄB	PEWNA
ZIMNY	SZCZEGÓLNOŚCI

Puzzle 98

```
C L I G E E Z N A C Z Ą C Y Z
D H E N W I Z D G V Y J S N A
C T L C J L F I O H Q O V O A
N I O E Z C M Y N M E J U R K
S Q P S B E Ę B O S Q C I T C
J T Ć X Y H N Y T Z E M X S E
A W A Y R R I I S E G Q Q L P
H Y N N S N B V E R A M O K T
W W W A O S A U M O A K E S O
I I Ó G W W K E G K T O L B W
E E R A F K I N W O S A Z C A
D R O M W B I S F Ś M K G S Ć
Z A P Y L H Z H K Ć E W W V T
A Ć D W Ć A N I M O P Y Z R P
```

WIEDZA	CZASOWNIK
STANOWISKO	LECZENIE
STONOGA	RYB
KABINĘ	STRONY
WYMAGANY	ZNACZĄCY
ZAAKCEPTOWAĆ	WYWIERAĆ
PRZYPOMINAĆ	PORÓWNAĆ
SZEROKOŚĆ	DZIWNE
UJEMNY	KOMAR
POLE	CHLEB

Puzzle 99

```
X  P  O  N  I  E  D  Z  I  A  Ł  E  K  Q  E
T  O  W  A  R  Z  Y  S  Z  R  Y  N  E  K  E
Ó  B  O  D  R  E  W  N  A  X  B  K  O  Y  F
R  L  T  Ó  R  P  O  F  S  U  M  O  Z  X  N
K  A  I  G  P  O  O  N  A  G  A  L  F  U  A
S  F  B  Y  A  T  H  J  P  V  Z  E  P  T  T
D  X  U  Z  I  C  S  P  A  E  E  J  C  S  U
B  T  B  R  U  P  T  F  Ó  W  N  N  I  Z  R
U  T  O  P  L  X  A  Q  K  Ź  I  E  K  K  A
K  V  Y  C  N  E  Ł  U  S  O  N  A  Z  O  L
M  I  S  T  R  Z  Q  A  N  R  L  I  Ć  Ł  N
N  I  E  W  Ł  A  Ś  C  I  W  E  A  E  Y  Ą
L  R  O  Z  P  R  Y  S  K  U  J  E  N  J  M
P  R  Z  E  R  W  A  N  I  A  K  V  S  O  F
```

STAŁ	POJAWIAĆ
PÓŹNIEJ	PONIEDZIAŁEK
NATURALNĄ	ALBO
SZKOŁY	PRZERWANIA
RYNEK	PRZYGÓD
ROZPRYSKUJE	NIEWŁAŚCIWE
MISTRZ	KOLANO
TOWARZYSZ	SKRÓT
PASA	FLAG
DREWNA	KOLEJNE

Puzzle 100

```
B M E N Z C I L D Z H C U E P
C O I I O I C I O N N H Q N O
E A L J L E I S J A I O X D W
N N Ł I A K K K R K E R D H Y
G Z A Y L A T I Z O Z O X E Ż
K A S H M W B E E M A B N R E
Z R Q I C Y I R W I L A W O J
P O I N T Y T K A T E O S G E
I L B H B X P A J A Ż S P U J
X I W L N H G O Ą G N I Ó L O
C Z E R W O N Y P P O O L K F
P Ł A S Z C Z F S N Ś Ł N R L
G P A O X A Y Q A D Ć Z I E A
J A W G Q E Y Q A Z F H E I P
```

CIEKAWY
OSIOŁ
PŁASZCZ
BOLI
DOJRZEWAJĄ
ILORAZ
CZERWONY
LICZNE
BIT
ROGU

WSPÓLNIE
POWYŻEJ
ZNAKOMITA
POINTY
JEJ
CHOROBA
POPYCHANE
ISKIERKA
NIEZALEŻNOŚĆ
CAŁYM

Puzzle 1

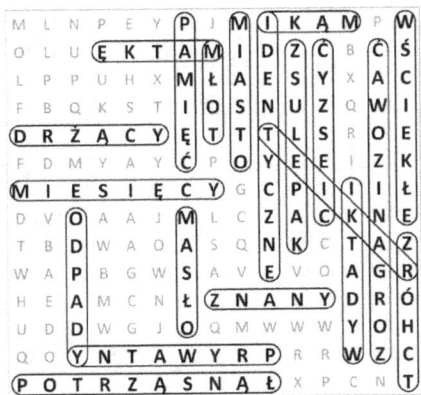

Puzzle 2

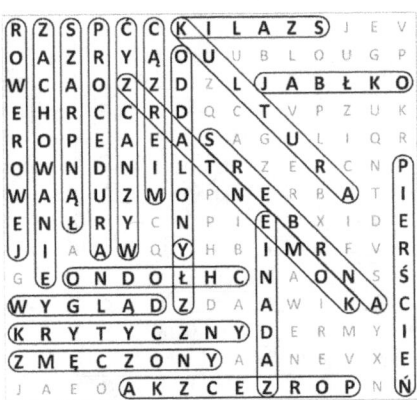

Puzzle 3

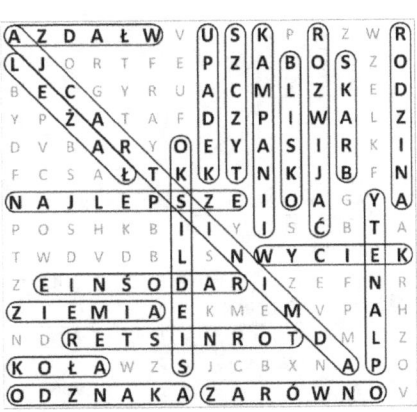

Puzzle 4

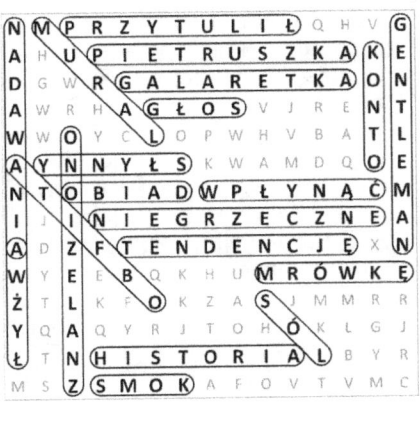

Puzzle 5

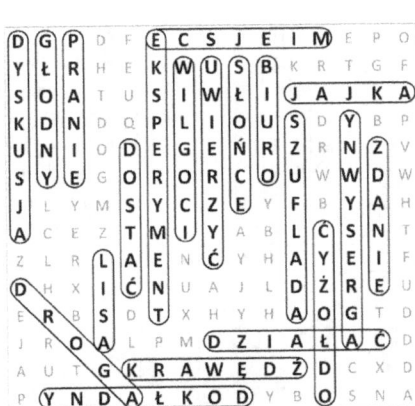

Puzzle 6

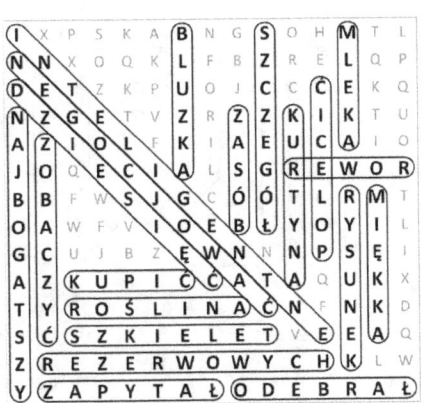

Puzzle 7

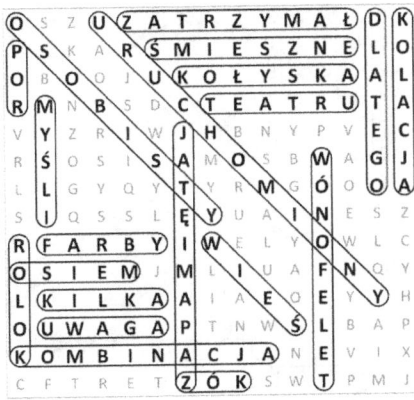

Puzzle 8

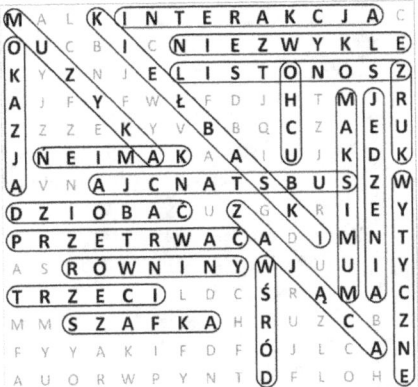

Puzzle 9

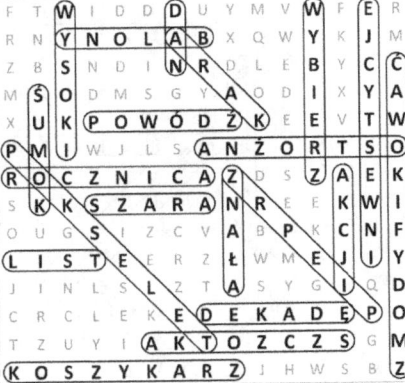

Puzzle 10

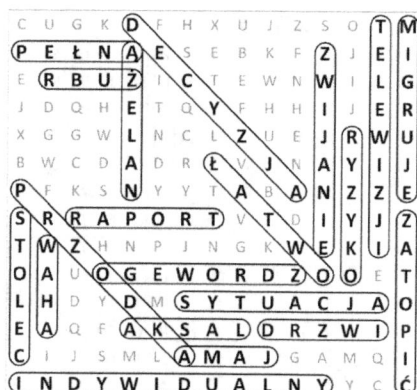

Puzzle 11

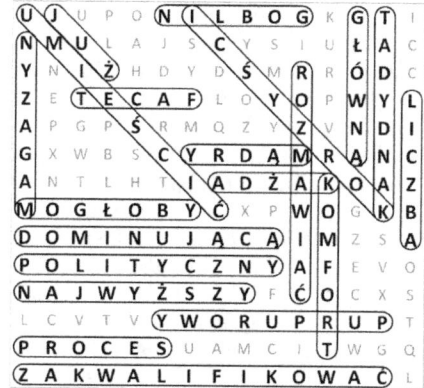

Puzzle 12

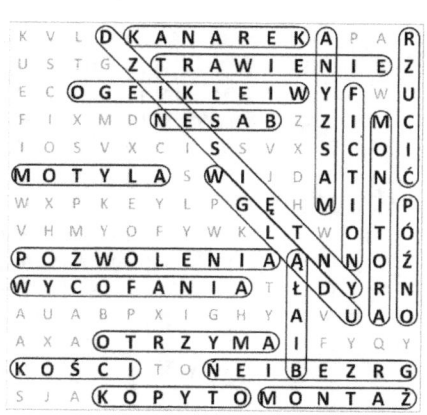

Puzzle 13

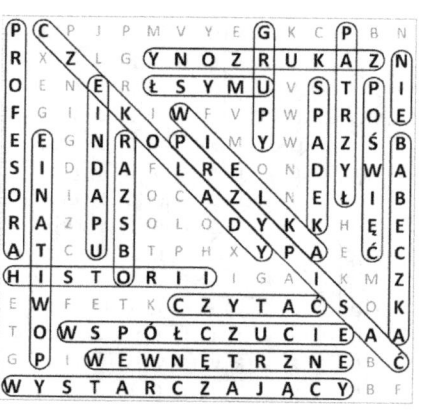

Puzzle 14

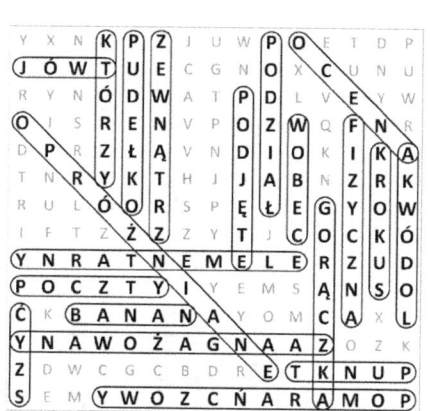

Puzzle 15

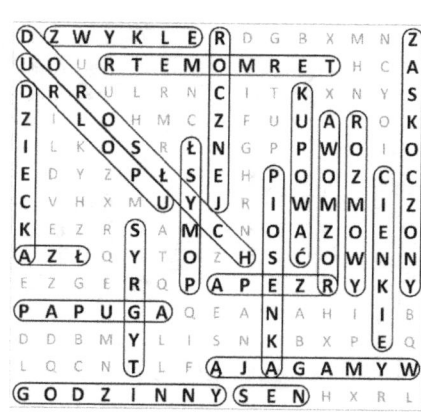

Puzzle 16

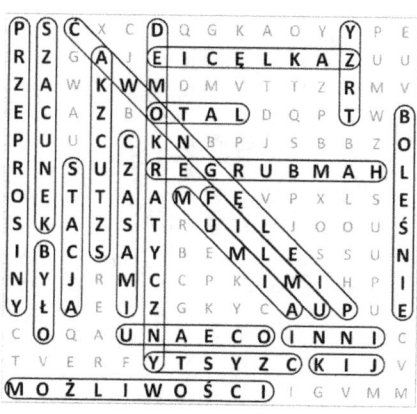

Puzzle 17

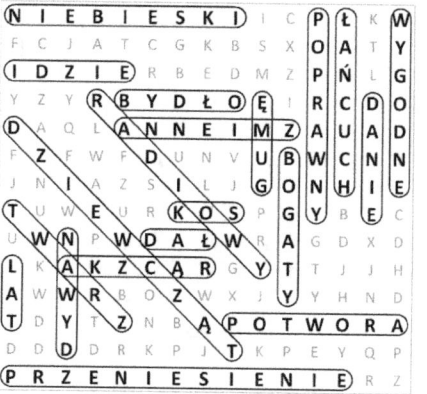

Puzzle 18

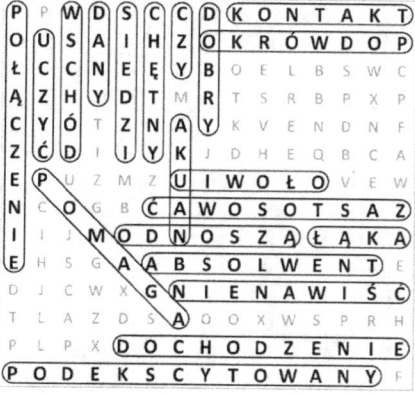

Puzzle 19

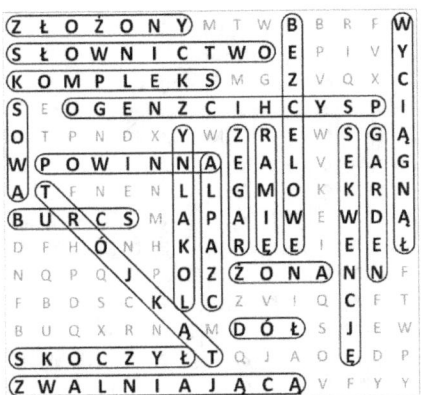

Puzzle 20

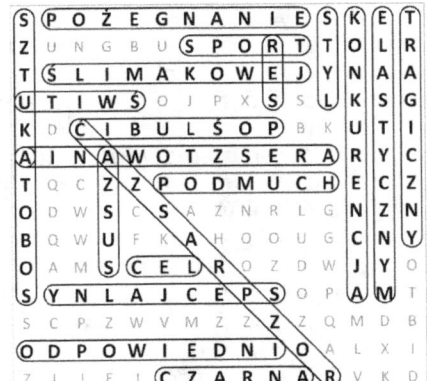

Puzzle 21

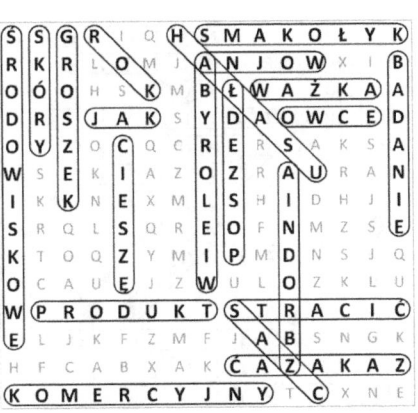

Puzzle 22

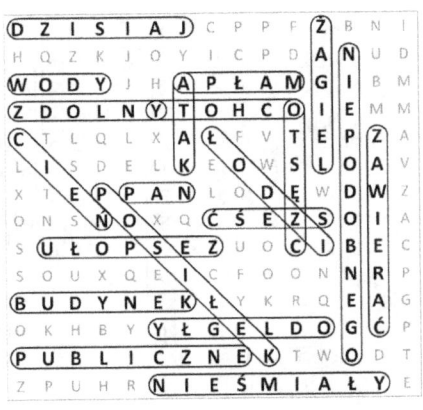

Puzzle 23

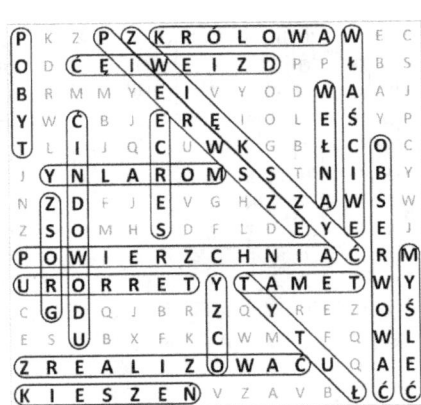

Puzzle 24

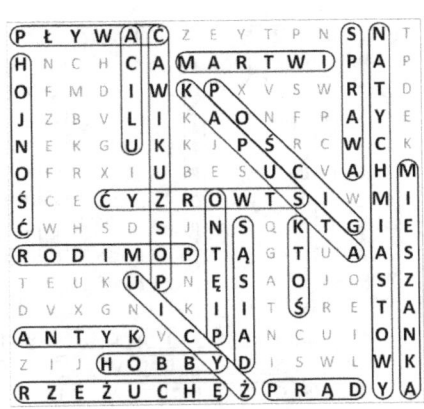

Puzzle 25

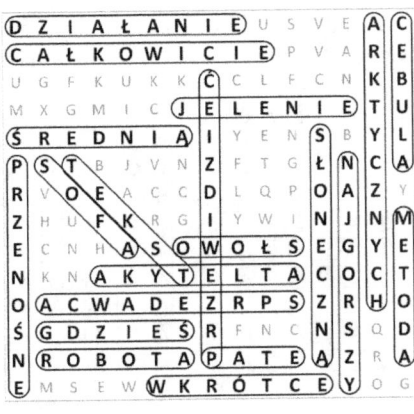

Puzzle 26

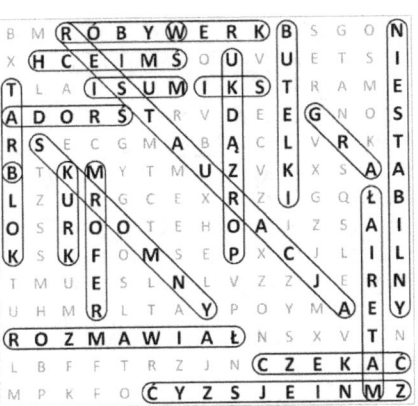

Puzzle 27

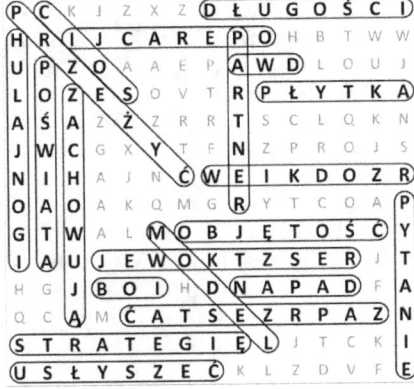

Puzzle 28

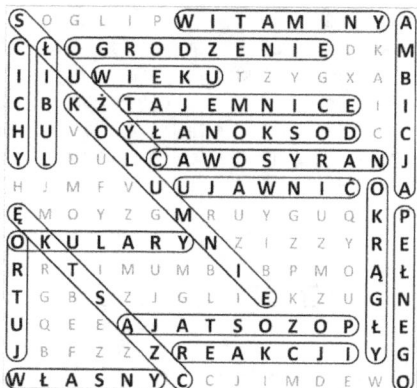

Puzzle 29

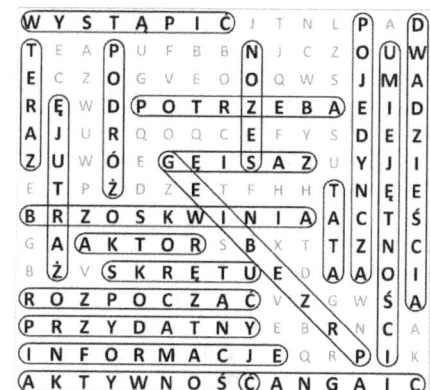

Puzzle 30

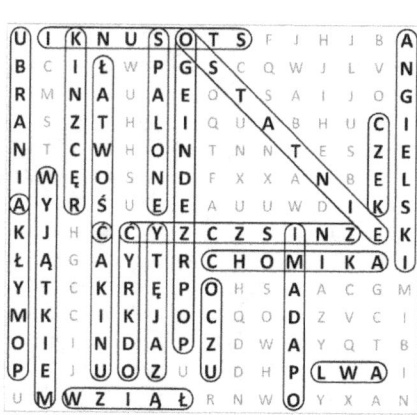

Puzzle 31

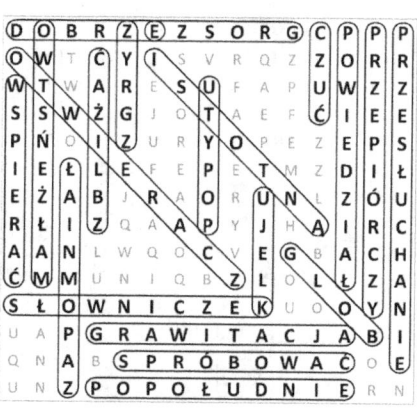

Puzzle 32

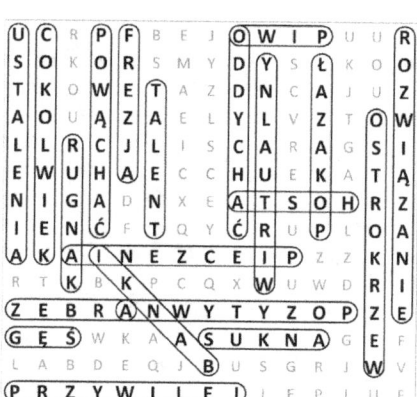

Puzzle 33

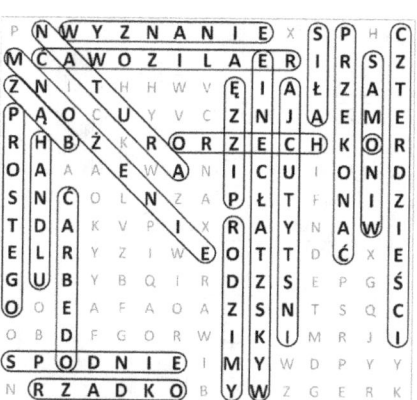

Puzzle 34

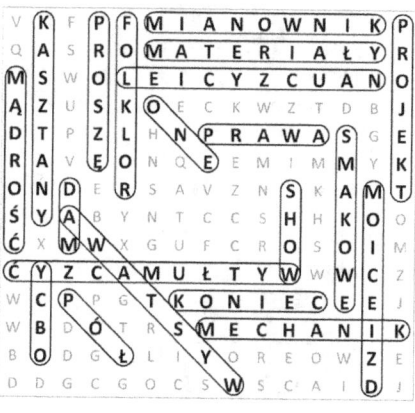

Puzzle 35

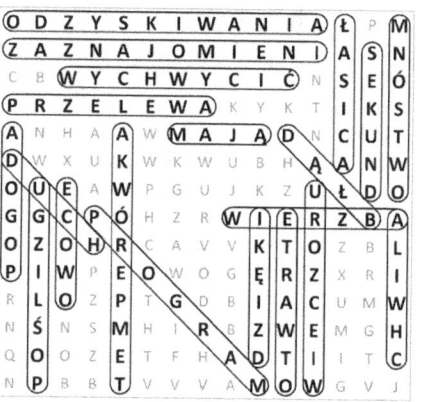

Puzzle 36

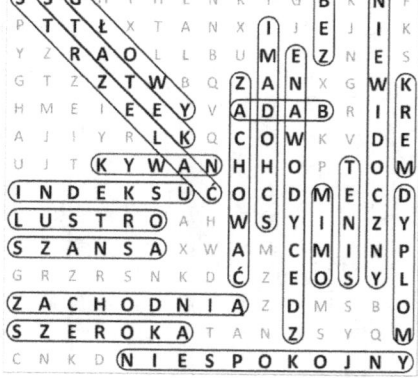

Puzzle 37

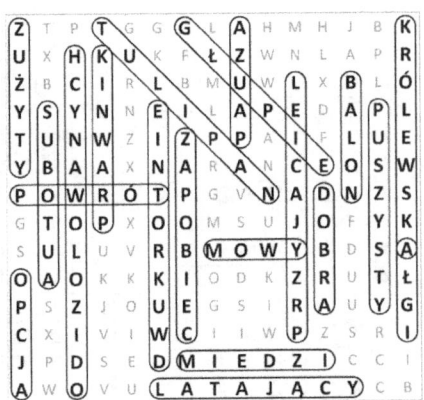

Puzzle 38

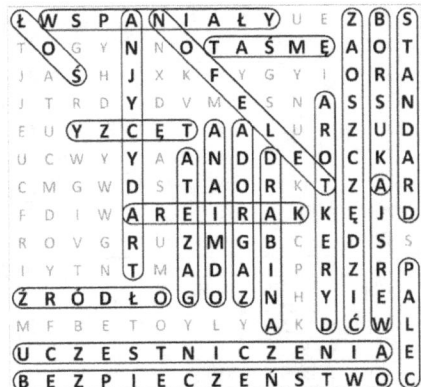

Puzzle 39

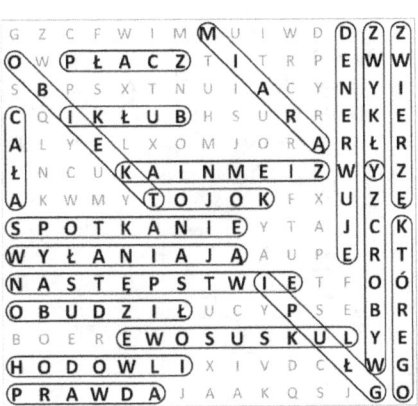

Puzzle 40

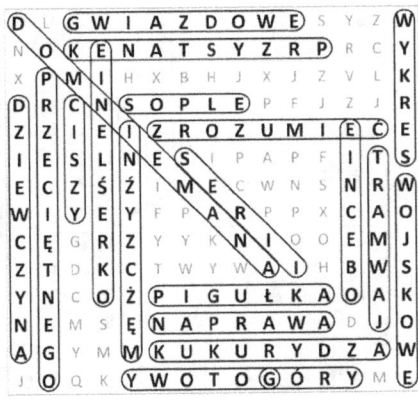

Puzzle 41

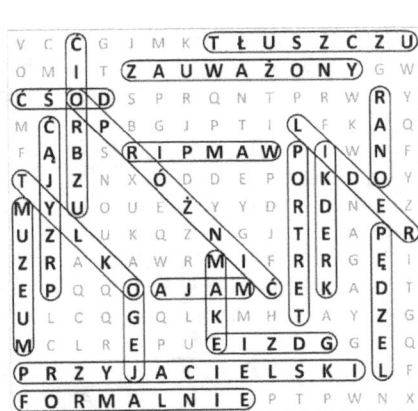

Puzzle 42

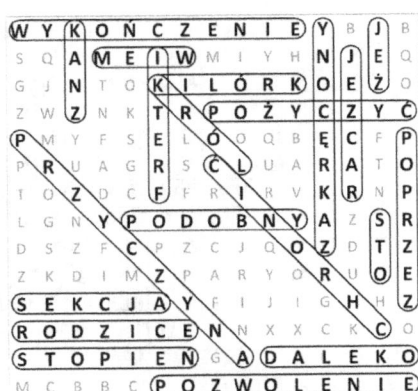

Puzzle 43

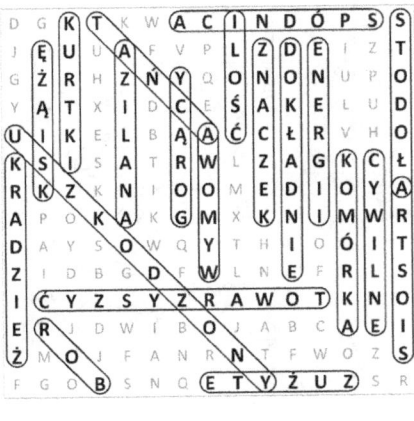

Puzzle 44

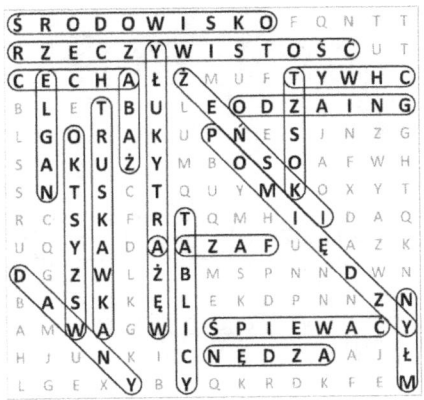

Puzzle 45

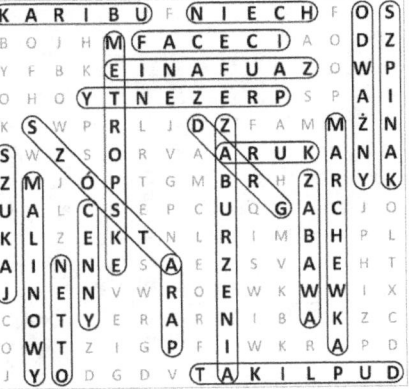

Puzzle 46

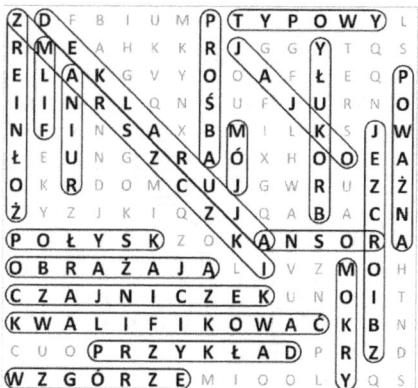

Puzzle 47

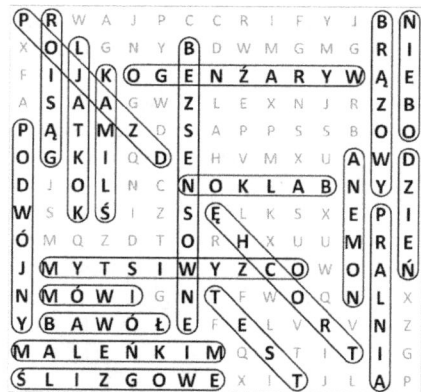

Puzzle 48

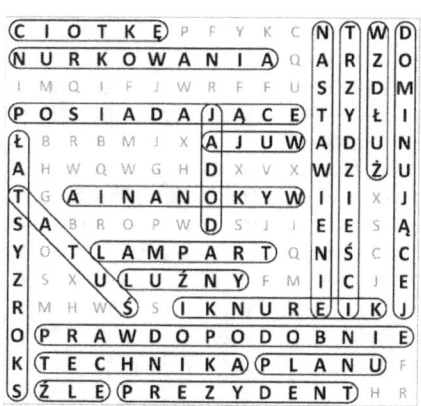

Puzzle 49

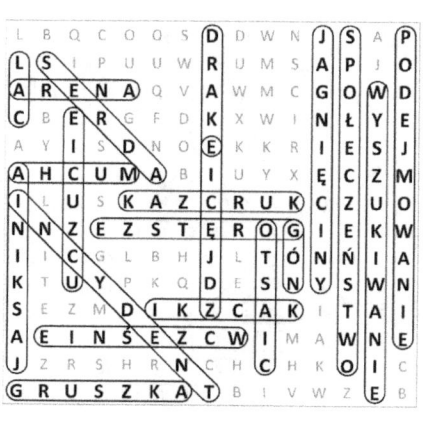

Puzzle 50

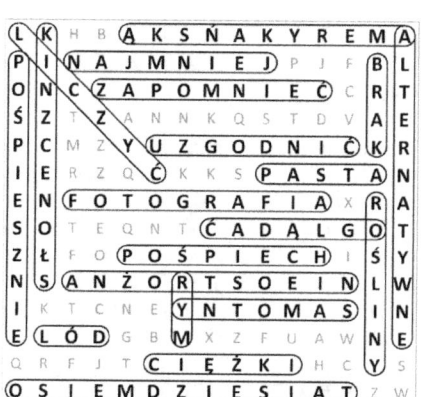

Puzzle 51

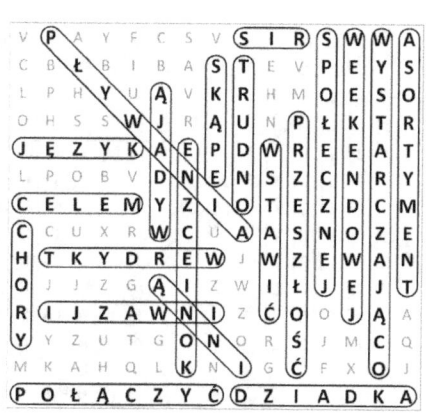

Puzzle 52

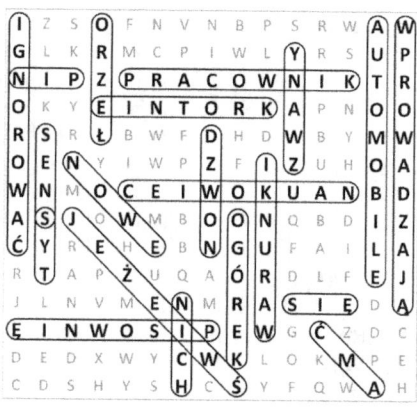

Puzzle 53

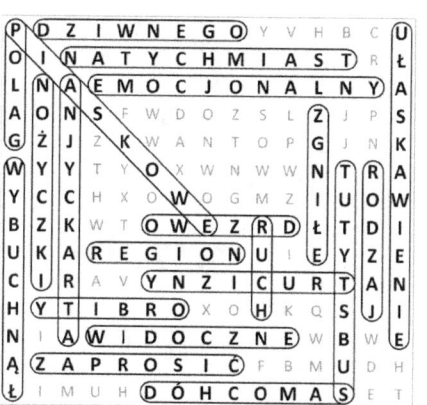

Puzzle 54

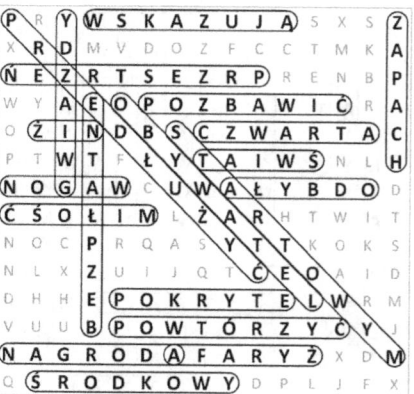

Puzzle 55

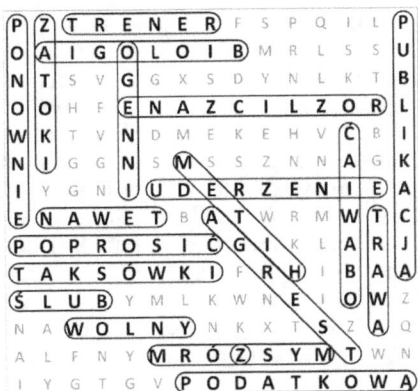

Puzzle 56

Puzzle 57

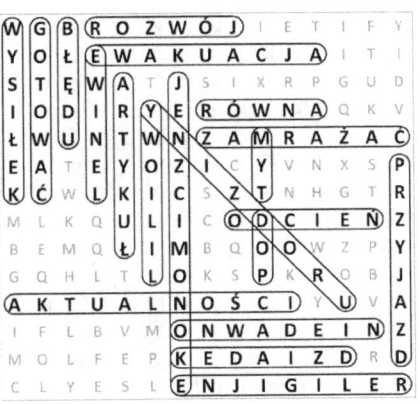

Puzzle 58

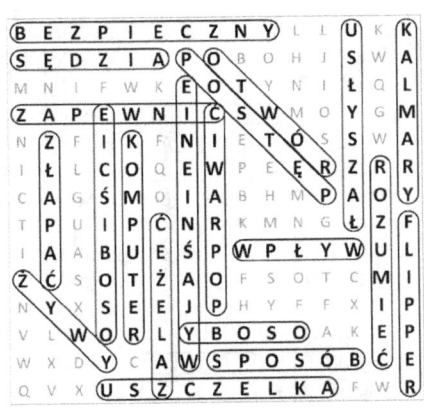

Puzzle 59

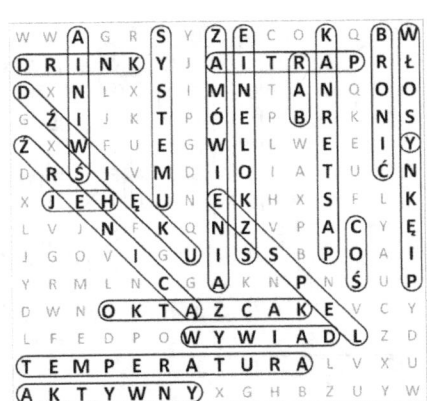

Puzzle 60

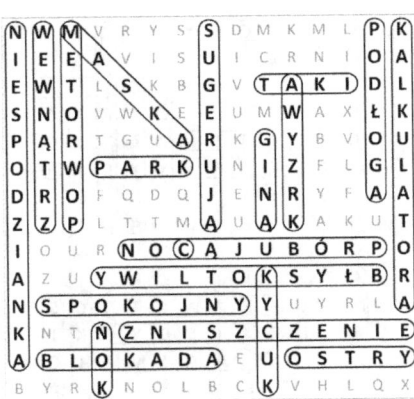

Puzzle 61

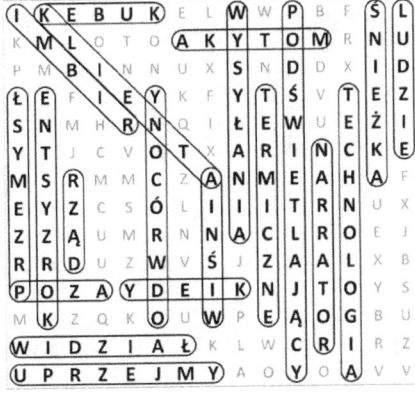

Puzzle 62

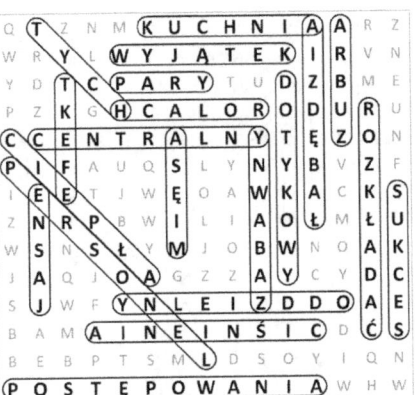

Puzzle 63

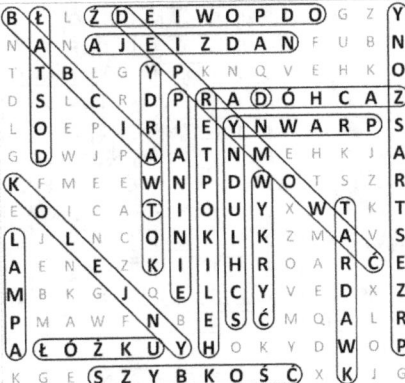

Puzzle 64

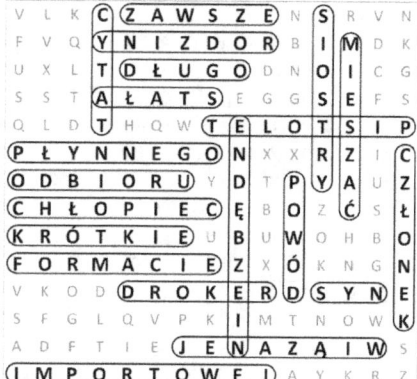

Puzzle 65

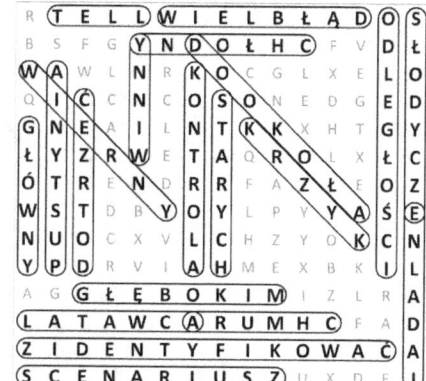

Puzzle 66

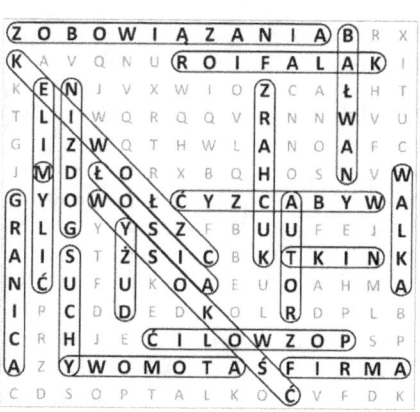

Puzzle 67

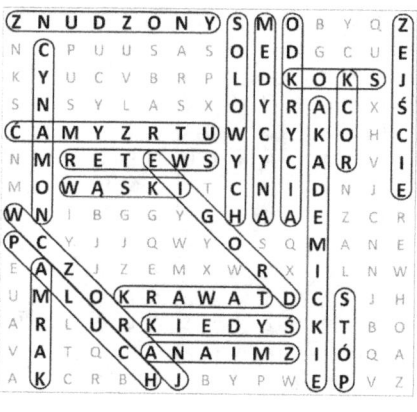

Puzzle 68

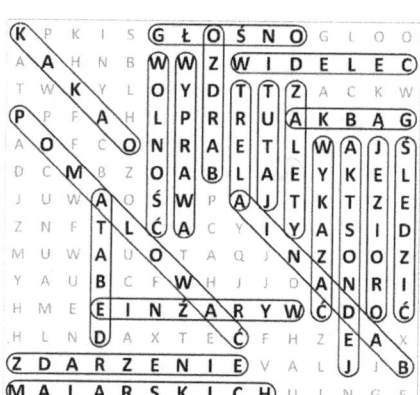

Puzzle 69

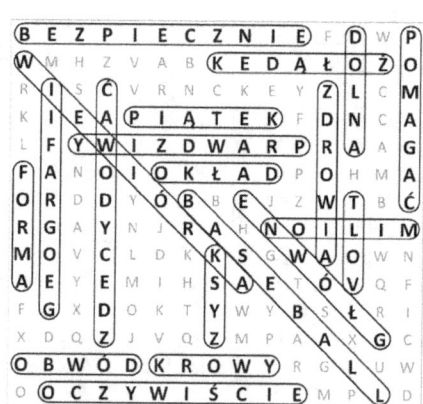

Puzzle 70

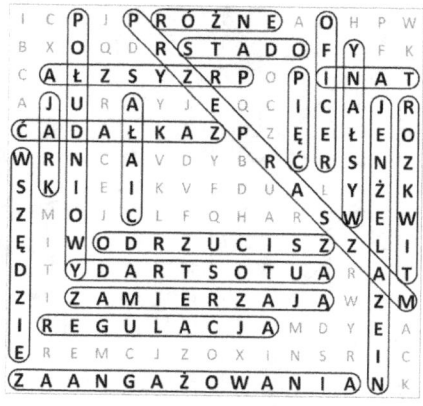

Puzzle 71

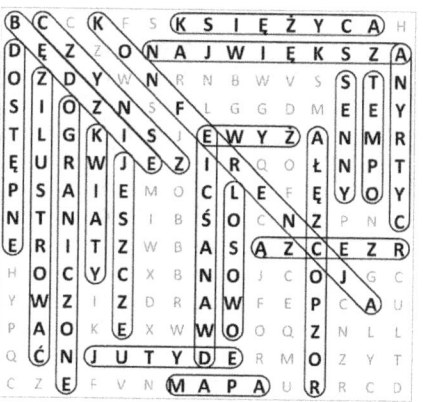

Puzzle 72

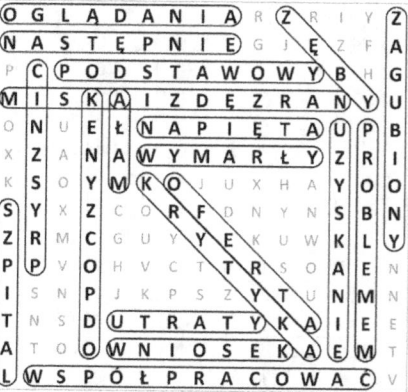

Puzzle 73

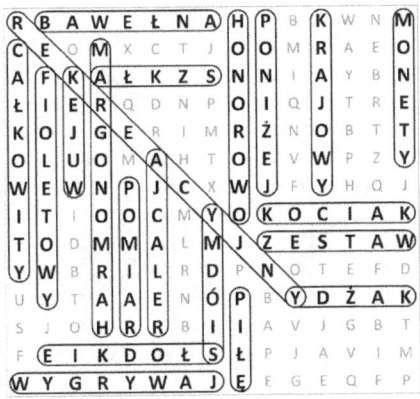

Puzzle 74

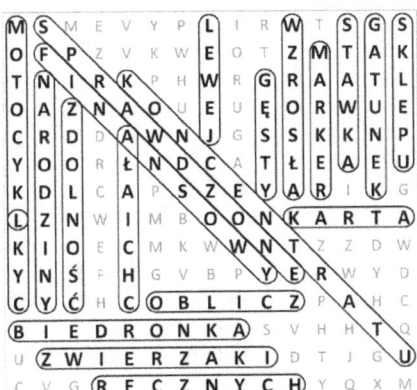

Puzzle 75

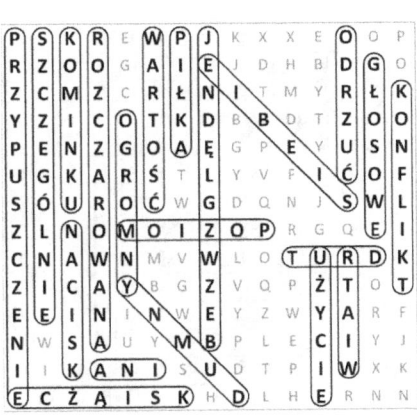

Puzzle 76

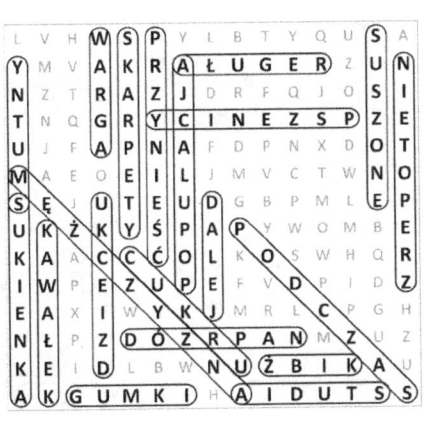

Puzzle 77

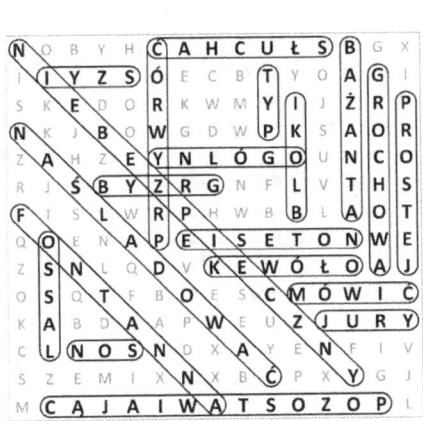

Puzzle 78

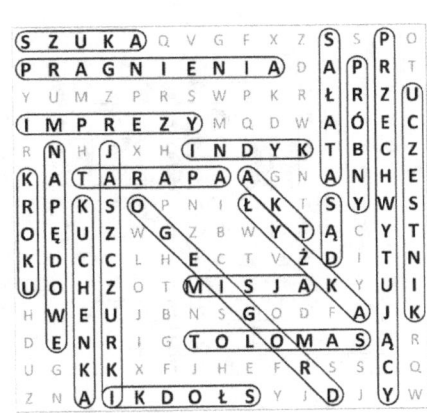

Puzzle 79

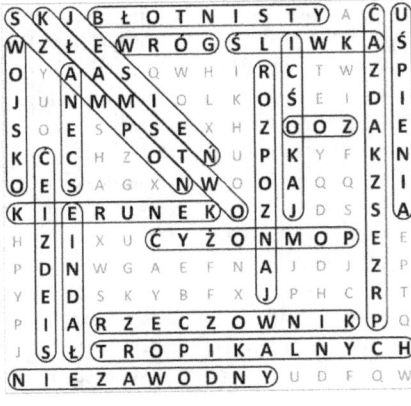

Puzzle 80

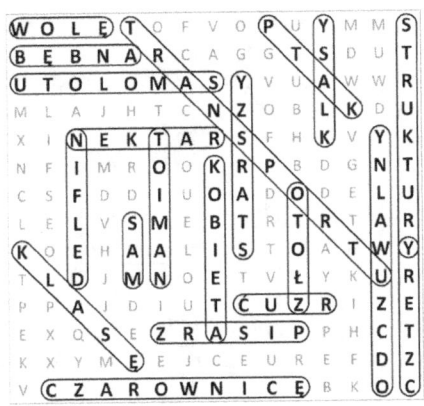

Puzzle 81

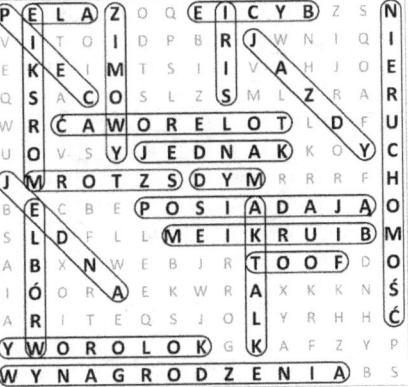

Puzzle 82

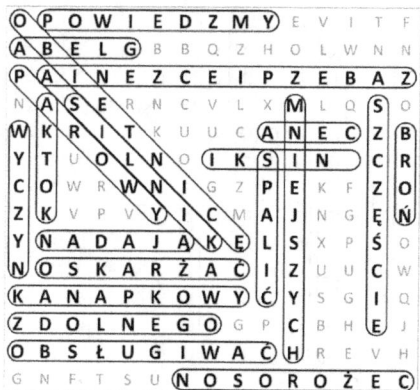

Puzzle 83

Puzzle 84

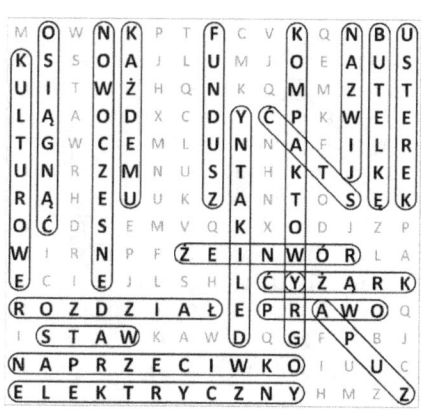

Puzzle 85

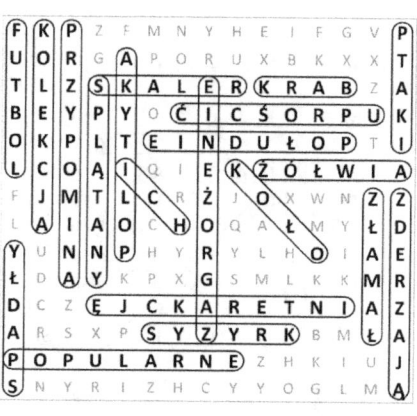

Puzzle 86

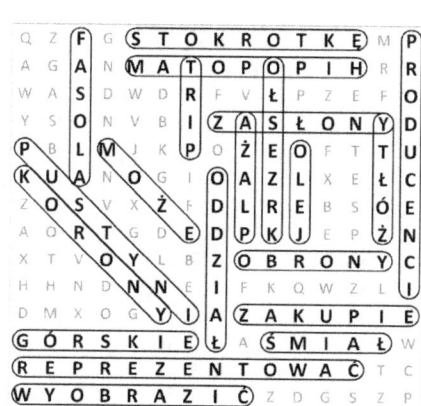

Puzzle 87

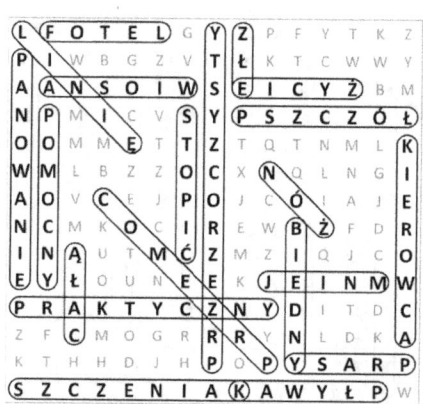

Puzzle 88

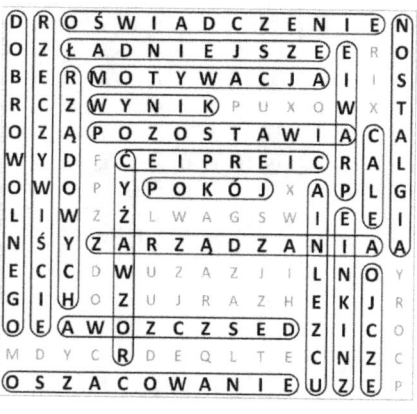

Puzzle 89

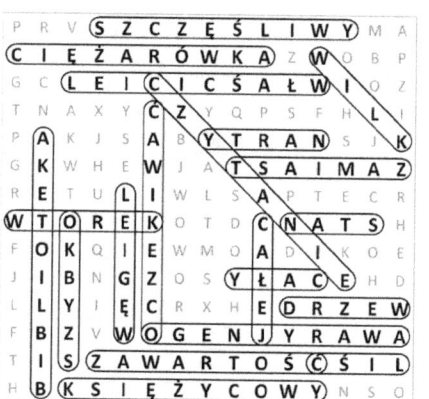

Puzzle 90

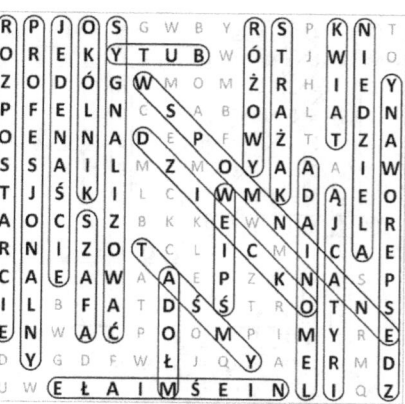

Puzzle 91

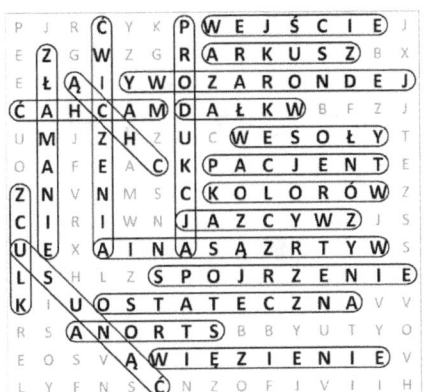

Puzzle 92

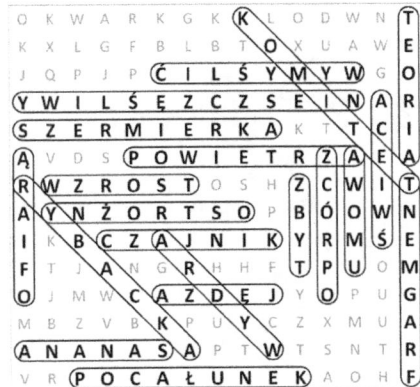

Puzzle 93

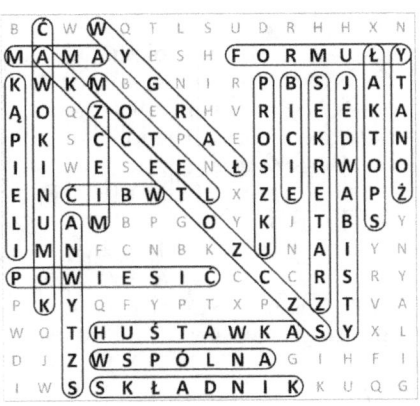

Puzzle 94

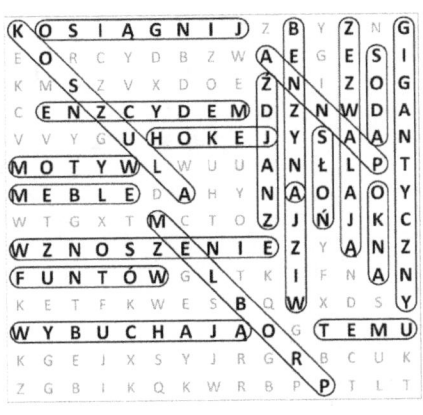

Puzzle 95

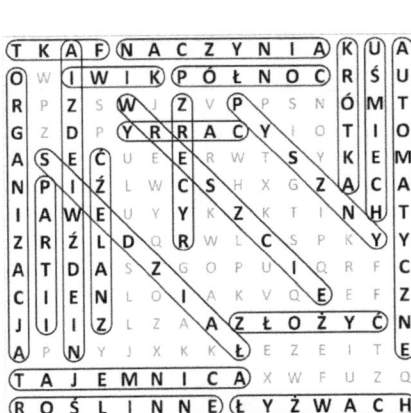

Puzzle 96

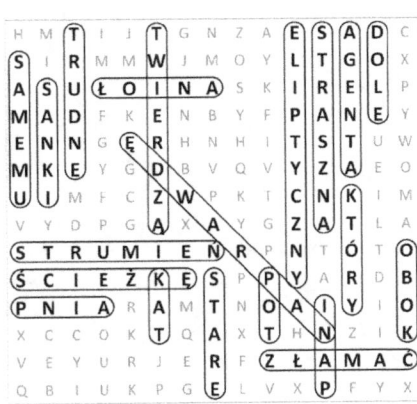

Puzzle 97

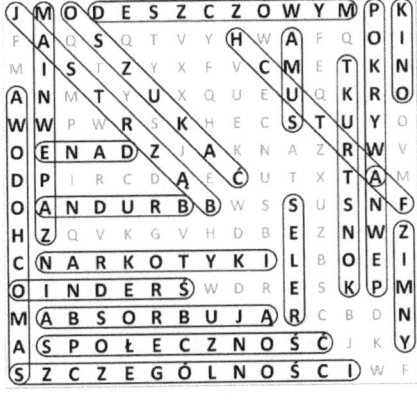

Puzzle 98

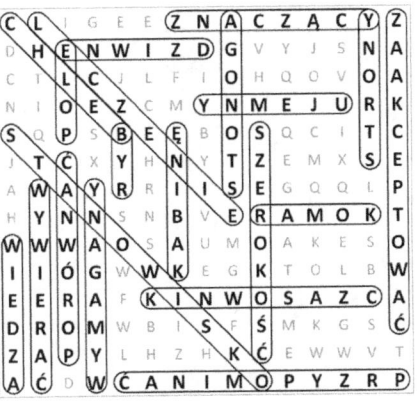

Puzzle 99

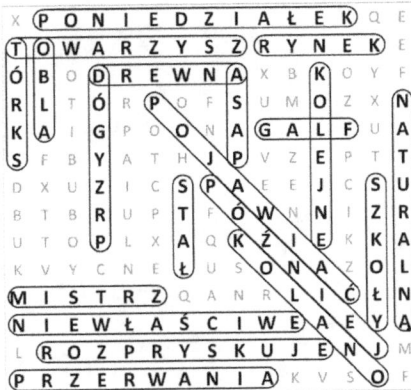

Puzzle 100

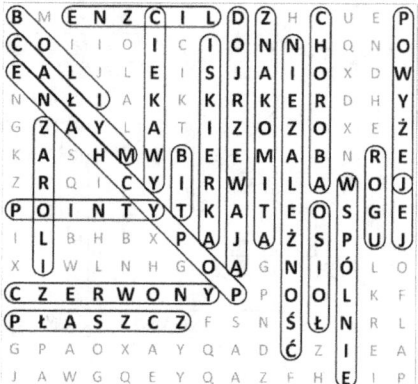

Congratulations

You made it!

We hope you enjoyed this book as much as we enjoyed making it. We do our best to make high quality games.

These puzzles are designed in a clever way to actively spark the brain and make it sharp and quick!
Did you love them?

A Simple Request

Our books exist thanks to the reviews you post on Amazon. Could you help us by leaving a review now?

Here is a short link which will take you to your Amazon orders review page.

BestBooksActivity.com/Review50

MONSTER CHALLENGE!

Challenge #1

Ready for Your Bonus Game? We use them all the time but they are not so easy to find. Here are **Synonyms**!

Note 5 words you discovered in each of the Puzzles noted below (#21, #36, #76) and try to find 2 synonyms for each word.

Note 5 Words from *Puzzle 21*

Words	Synonym 1	Synonym 2

Note 5 Words from *Puzzle 36*

Words	Synonym 1	Synonym 2

Note 5 Words from *Puzzle 76*

Words	Synonym 1	Synonym 2

Challenge #2

Now that you are warmed-up, note 5 words you discovered in each Puzzle
noted below (#9, #17, #25) and try to find 2 antonyms for each word.
How many lines can you do in 20 minutes?

Note 5 Words from **Puzzle 9**

Words	Antonym 1	Antonym 2

Note 5 Words from **Puzzle 17**

Words	Antonym 1	Antonym 2

Note 5 Words from **Puzzle 25**

Words	Antonym 1	Antonym 2

Challenge #3

Wonderful, this monster  challenge is nothing to you!

Ready for the last one? Choose your 10 favorite words discovered in any of the Puzzles and note them below.

1.	6.
2.	7.
3.	8.
4.	9.
5.	10.

Now, using these words and within a maximum of six sentences, your challenge is to compose a text about a person, animal or place that you love!

Tip: You can use the last blank page of this book as a draft!

Your Writing:

Explore a Unique Store
Set Up **FOR YOU!**

MEGA DEALS

BestActivityBooks.com/**TheStore**

Designed for **Entertainment**!

Light Up Your Brain With Unique **Gift Ideas**.

Access **Surprising** And **Essential Supplies!**

CHECK OUT OUR MONTHLY SELECTION NOW!

- Expertly Crafted Products -

NOTEBOOK:

SEE YOU SOON!

Delta Classics Team